友だちみんなの中で

ＡＤＨＤ児を育てる・母親と教師の交換日記

松下佐智子／鈴木奈実 著
序文・佐々木正美

現代企画室

友だちみんなの中で——ＡＤＨＤ児を育てる・母親と教師の交換日記

装丁――太田亮夫
カバー挿画――松下拓矢

目次

序文　拓矢君のこと　家族に恵まれ、先生に励まされ

佐々木正美（川崎医療福祉大学）

一、周囲の者が疲れる

　松下さんご夫妻が拓矢君を伴って、最初に相談に来られた時の記憶は鮮烈です。拓矢君は横浜発達クリニックの診療相談の部屋で、かたときも静止していることができない状態でした。床に寝ころんだかと思うと、センターテーブルの上に登り、次の瞬間には大きく跳ね上がるように飛び下りるというような動作や行動を、ご両親と話し合っている間中、瞬時の休みもなく繰り返していました。「よーく疲れないと思うのですよ」と呆れ顔で、同時に苛立ちをかくせないで、つぶやくように言われたお父さんの言葉の調子を、よく覚えています。「まわりの者の方が疲れてしまいます」とお母さんがフォローされました。

　叱ったり、怒鳴ったり、注意をしたり、それだけで「いいかげん疲れてしまいます」とお父さんの話し方には実感がありました。動き回りながら聞き耳をたてている拓矢君は、「お父さんはすぐぶつんだ」と合いの手を入れます。「そうだ、お父さんに叱らないで、ぶたないでくださいと、お願いしよう」と私が言いました。お父さんは「そんなこと、できるわけはないでしょう」と言いました。そ

してさらに「お前がいい子になれば、お父さんは怒らないし、ぶちもしないんだから」と拓矢君の方に向かって、諭すように言いました。

結局のところ、拓矢君がご両親の望むような静かで聞き分けのよい子になるのと、ご両親が叱らないでいられる親になるのと、どちらが困難かという話になりました。親と子どちらが感情や衝動を自制することができるか、努力し合ってみてくださいというようなことになりました。

お父さんは本当に真顔になられました。少し深刻にさえなられたと思います。叱らないでいることができないようなら、自分も衝動のコントロールができないということになるから、「わたしがADHDということになりますね」と言われました。「そうかも知れませんし、そうでないかも知れませんね」と私は答えたことを覚えています。そして、「次回においでいただいたときに、分かるかも知れませんね」と、多少ジョークの意味をこめてお答えしたことも、よく覚えています。

二、お父さんはADHDではなかった

一カ月後にお会いしたお父さんは、ADHDではありませんでした。「いやー、怒らないでいることが、こんなに大変なことだとは思いませんでした」、これがお父さんの第一声でした。「拓矢君が静かにしていることも、同じように大変なことなのでしょうね」、これが私の第一声でした。そのあと一呼吸してお父さんは、少し涙ぐんでおられました。

この一カ月の間、ご両親は拓矢君を叱らないことに最大限の気遣いをされたということです。そして、それだけで、拓矢君は「想像以上に落ち着きました」とお母さんは言いました。あれこれしつけ

よう、教育しようとして、むしろ反対のこと「逆効果のこと」をしていたということが分かったとのことです。「親のがまんがたりないということですよね」と、お父さんも言いました。「そうだよ、怒っちゃいけない、ぶっちゃいけないって、佐々木先生が言っていたって、ボクはお父さんとお母さんに何度も言ってやったんだ」と、拓矢君はフォローしてくれました。

たったこれだけのことで、すなわちADHDに関する私のわずかな説明と、それを受けて一カ月ほどの自制された対応をされるという体験を通して、拓矢君のご両親は本当に見違えるほどの変化をとげられました。見事な変身に思えました。診療相談室での拓矢君も、穏やかになってきました。拓矢君の家庭生活における変化を実際にご覧になって、ご両親は理解、希望、自信を深められたのだと思います。

しつけをしにくい子、わがままな子、家族や周囲の人たちをイライラさせる子、厳しくしつけや教育をしなければならない子といった考えが、とんでもない誤解であって、本当は親や兄弟、先生や周囲の級友たちよりも、本人の方がずっと苦しんでいるのだということを理解されて、ご両親は我に返ることができたと述懐されたことがあります。家庭ではどのように養育していくのがよいか、学校ではどのような教育や支援を得ることが望ましいのか、ご両親は徐々に日を追って理解を深めていかれたと思います。それにしても、お父さんが「自分が怒らなければ、拓矢が穏やかでいられる」と「悟りはじめ」たことをお母さんが本当に実感されるまでには、その後何カ月もの時間が必要であったことを、本書は正直に記述しています。

しかしご両親も、拓矢君が「特別な」教育を必要としている子供であることを、感情のレベルでも理解し受容されるまでには、さらに一定の期日が必要であったようです。担任の先生との交換の文章を読むと、そのことがよく理解されます。

ＡＤＨＤの子供をもったご両親は、当初、特別な教育などのニーズをもった特別な子供ということを、あらゆる意味で拒否したいという気持ちをもたれるものです。そのために一般的なやりかたで、必要なことを必要なだけ、厳しく教え込もうとされます。そして結果は悪くなるばかりです。

お母さんはそのことを率直に書いておられます。「夫婦して、自分の気に入る子にしたくて、怒ったりしていました」と書き、「レッテルをはられたりしないか」と恐れ、「少しでも普通になってくれることを願う母です」と悩み、「自分達が恥をかかず、自慢できる子どもを作り上げることばかりを考えて、劣等感という二次障害をおこさせてしまいました」と正直に告白しておられるのです。

この悪循環から抜け出すことはもとより、優れた養育や教育を実施するためには、まず臨床的な専門家から適切な説明を受けて、子供の真の特性／障害を正しく理解して受容すること、次いで必要な学校教育が与えられる機会を得ることが不可欠に重要です。本書には、その適切な教育の実例が具体的に継続的に示されています。生徒が、忍耐強く優れた教育姿勢をもっている担任の先生、特別な訓練を受けて特別な教育を実践することができる通級教室の先生、これぞ教育者と思える周囲の同僚の先生や校長先生――こういう先生たちのいる学校での教育に恵まれるということの意味が、大変豊富に記述されています。

三、親と教師の二人三脚

それにしても、教育には——特に特別なニーズをもっている子供の教育には、親と教師の二人三脚的な協力がどれほど大切なものなのか、本書の交換ノートは極めて能弁に語っていると思います。

しかしその原動力になるのは、私の経験では多くの場合、ご両親——特に母親の自己愛を振り切られた子供への愛情です。本書の編集者から私宛に寄せられた手紙にもありますように、「ADHDであることを正面から受けとめて、たじろがない松下さんご一家には本当に敬服します」というような、親の姿勢です。

本書の読者は発見されるでしょうが、拓矢君のお母さんのそういう熱意が、まず先生の教育力の芽を引き出します。それから先生の教育実践に励まされるようにして、お母さんの新たな反応があり、それがまた先生のより新たな意欲や創意を生み出していきます。

本書の全編を貫いている論調は、多少の紆余曲折を経ながらも、結局はお母さんが先生に寄せる絶対的な信頼と、それがあるからこそ可能な、率直な希望の表現であり、その期待に応えようとされる先生の、静かで力強い実践とその記録です。

少し専門的なことにもなりますが、以下にその過程で心を打たれたところを指摘して、ささやかな解説の役割としたいと思います。

四、同時総合機能の問題

ＡＤＨＤといわれる子供の特性で、私たちが承知をしておかなければならない事項として重要なものは、彼ら彼女たちの神経系統が同時に総合的にはたらきにくいということです。ですから同時に二つ以上のこと（情報や課題）に注意を向けたり、それらを処理したりすることが種々の程度に困難なのです。あれもこれもということを、一度に頭のなかにおくということができません。

このことは精神心理的なことにも、運動的なことにも、同じようにいえることです。ですから、トランポリンは上手に跳べても、上肢と下肢を同時にはたらかせなければならない縄跳びになると、ひどく下手になってしまいます。

相手の気持ちを考えながら、自分の気持ちや考えを表現するということが、なかなかうまくできません。ですから例えばドッヂボールのように、その時々の状況に合わせて自分の行動を調節するということは大変困難です。そのために、生来的にわがままな性格というわけではなく、決してしつけが適切になされてこなかったというわけでもないのですが、周囲の人たちからはそのように誤解をされることが多いのです。

こういう生徒たちの苦労は、まず感覚、運動、感情／情緒、行動／行為が自分のなかでも協調／統合しにくいことにあるのです。対人関係や社会的活動の前提になる「個人」そのものに、すでにいろいろな程度の困難をもっているということを、私たちは理解してやりたいと思います。

ですから記憶、推理、想像、照合、判断、解釈などの総合力を必要とする抽象能力に、種々のレベルの困難をもつことになり、拓矢君もそうでしたが、先生の指摘にもあるとおり「国語が苦手」であるということは普通ですし、「絵なら自信がある」という生徒も少なくありません。視覚的、具体的、直截的な世界がなじみやすいのです。

五、大勢の善意

担任の鈴木先生は通級教室で特別／専門的な教育をする先生と協力して、見事な教育をされました。その実践の根底にある姿勢は根気と忍耐ですが、さらにその背景をなしているものは、生徒への愛と使命感でしょう。

この交換ノートを読ませていただいて、私は若い時に留学先の指導教授から学んだ言葉を、あらためて思い出しました。カナダ・ヴァンクーヴァーのブリティッシュ・コロンビア大学での先生の名前はアンドリュー・マクターゲット。現在、ロシア・チェルノブイリの原子力発電所事故の後遺症に苦しむ子供の精神科治療に当たるWHOチームの主任を勤めている先生も、若い頃にアメリカ・ボルチモアのジョーンズ・ホプキンス大学に留学されて、児童精神医学の世界的パイオニアであり自閉症の臨床と研究で高名なレオ・カナー教授に学ばれたとのことですが、そのカナー先生の言葉を用いて多くのことを指導していただきました。

カナー教授が児童精神医学の臨床をめざす若い医師たちに繰り返し用いた言葉は、何をどうすればよいのかが分からない時には「目の前にいる子供に愛情が沸くまで、何もしないで待て。その子供への愛情が本当に確認できた時に行なう行為は、めったに間違いであることはないから」というものでした。

鈴木先生はたびたび校長先生の言葉を引用しています。「拓矢君のことを迷惑ということは簡単」だけど「今の時期は悩むことも大切」だという言葉や、ほかの大勢の保護者の理解ある協力に接した時の、「私たちはそういう保護者に支えられていることを忘れてはいけない」という表現は、校長先生の教育への使命と生徒への愛情を力強く感じさせるものです。

鈴木先生はそういう校長先生の心にも感応されました。拓矢君はクラスメートの活動から「どうしてもういてしまう」ことや「めだってしまうこと」を日々繰り返すのですが、「カッとしてしまう」ことを自制しながら、「松下君がバクハツしないようなクラスをめざす」ことに忍耐強く専念してゆかれます。「叱って教えようとしてもダメ」だから「怒らないで静かに対応することを、新学期の目標」にすることをご自分に言い聞かせます。お父さんでも「カーッとなるとひどいことを言ってしまう」ほどなのです。

お母さんはクラスのほかの生徒の「発達のすごさに圧倒され」ながら、「この不器用さがあわれでなりませんが、こんな拓矢を支えてくださる皆さんの親切が本当にうれしい」という思いと、「だれか彼を変える方法を教えてほしい」という感情の間を行き来されます。

交換ノートに記述されているお母さんと先生の互いの気持ちは、正直で率直です。先生が大勢の生徒の教育のなかで、拓矢君のノートをこれだけ克明に、毎日のように書き続ける作業を継続されることは、生徒への愛情と教育に対する健康な自負心なしには不可能でしょう。お母さんも「担任の先生の理解が得られたことに感謝」し、「恵まれている」ことを実感されたからこそ、記録し続けることが可能であったのでしょう。健康な意欲と深い感謝の感情が可能にした作業です。

担任の先生、通級教室の先生、校長先生、周囲の他の先生、クラスメートとその保護者の皆さん、そういう大勢の人々の理解と善意ある協力関係の素晴らしさは、いったい何が可能にしたのでしょうか。私は管理職と一般の教員の間さえ対立し合っているような学校も、数多く見てきましたから、この協調関係の見事さには、本当に胸をうたれる思いがいたします。

六、家族に見守られ、先生と仲間に励まされて

拓矢君には、通級指導教室で優れた専門的な教育がなされたことは事実です。そこの先生たちは、例えば横浜市総合リハビリテーションセンターの臨床家とも連携や協調をし合うなどの努力をして、本当に専門的な特別教育を提供されているのです。

しかしそのことと同時に、担任の先生がクラスメートを見事に指導されて、仲間との協調関係を大切にしながら、拓矢君が大きな劣等感を感じたり、二次的な情緒障害を引き起こしてしまうことがないように、彼の自尊の感情を保護しながら、一般学級での教育を破綻させることなく継続されたことも、特筆に値する価値あることです。拓矢君がそのことを、強く望んだからです。

そのことを可能にするために、先生が拓矢君の個性、特性、弱点などをよく確かめながら、彼に学級のなかで成功することのできる課題を、他の生徒との調和を保ったうえで、与えていくという作業に努力されているようすが、本書の全編にみなぎっています。

しかしまた拓矢君の自尊心や自己実現の経験を大切にするためには、他の生徒についてもそれらの

ことを保障してやろうとする視点が不可欠です。結局は、学級の生徒全員を、一人残らず大切にするという以外の教育では不可能だということです。読者の皆さんは、鈴木先生が結局は学級の生徒の一人ひとりを大切にして教育をしているということを、本当に実感されると思います。

結局、優れた教育は臨床的なものなのです。優れた臨床者が一人ひとりの患者に、それぞれ大切に対応するのと同じことなのです。

そのためには鈴木先生が、「先生のご苦労が並たいていのことではない」ことを、お母さんが「あらためて感じました」と述懐するほどの努力がなされてきたことを、ここに、それこそ「あらためて」記しておかなければならないと思います。

そのためにまた拓矢君が、どれほど大きな教育の成果を得たかということを書いておくことも、私の役割であろうと思います。「NHKスペシャル」というテレビ番組で、拓矢君のようすをご覧になった人も多いと思いますが、その後の拓矢君がどのような暮らしをしているかということが、取材や放送されないことを残念に思うほどです。

その後お母さんは、同じような困難をもつ子供と家族のために、自分の経験を通して知り得た教育のあり方と意義を、多くの人々に伝えるための活動に、大勢の仲間の人たちと熱心にはたらき始められたことにも、そのことが能弁に語られていると思います。松下さんのご家族をはじめ、拓矢君の学校の先生がたにお会いする機会が与えられたことは、私自身が多くのことを学ぶことになりました。あらためて感謝の気持ちを書き留めておきたいと思います。

農作物や草花を育てることも同じですが、なにごとの場合も、教え「育てる」ということは、最善を尽くして、「待つ」ということでした。そのことを、また教えられました。

二〇〇一年一二月二九日　町田市郊外の自宅で、年賀状を書いている妻の傍らで

拓矢の生い立ち

松下佐智子

生まれてから就学前まで

拓矢は、一九九〇年三月一一日、私たち夫婦の長男として生まれました。誕生時の状態（アプガールスコア）が満点の元気な男の子でした。すべてがいとおしく、また、赤ちゃんの成長の目安となる寝返りや言葉・理解力などが平均より早く保健所の検診などは楽しみで仕方がないほどでした。ところが一歳半頃から買い物などに行った時、意味もなく道や店内の床にゴロンと寝そべるようになり、それが買って欲しい物があるとか、歩くのがイヤだからというような理由もない行動でした。公園に行ってもお友だちと争うこともなく、自分のおもちゃをとられても黙って見ているし、気分がのればお友だちの中に入り、気分がのらなければ一人でずっと遊ぶような、ただマイペースな子どもだと思っていました。

三歳になってすぐ、3年保育の幼稚園に入園させました。この園はマリア・モンテッソーリの教育法を主に取り入れており、いろいろなカリキュラムがあるにもかかわらず、「やらなければいけない！」ではなく、「やった方がいいよ！」という進め方だったため（私はそのように認識していました）三年間一度も「行きたくない」と言ったこともなく、欠席日数も三年通してわずか八日でした。ただ、先生との面談があるたびに「むずかしい」と思うことにはなかなか取り組めず、先生が隣に付いていないと、まわりの音や出来事に気をとられて作業を進めることができないと言われました。そんな毎日を送っていても、良い面を認めてくださっていたので、豊かな発想で楽しく過ごしていたようでした。

この園は、大きなイベントの運動会等も『子どもたちが楽しめるように』をモットーにしていたので本番を楽しめるよう、練習も二～三度しか行なっていませんでした。年長組になったとき、園長先生から「拓矢くんは、とても目立つんですよね、遠ーくにいてもすぐわかるんです。なぜかというと、ずっと皆と逆のことをするんです。皆がすわれば立ち、右に行けば左に行く。でもできなくてそうしているとは思えなくて、気分がのらないみたいなんですよね」と不思議そうに笑って言われたことがありました。本番は「なるほど……」とうなずけるできでしたが、「あれで楽しければいいか……」と私たち夫婦は気楽にかまえていました。

その年の暮れ、親類のお通夜に参列しました。私の前に主人とお焼香に出た拓矢でしたが、私が席にもどると、主人が目をつり上げて拓矢をしかっていたのです。主人の話によると、お焼香を終え席にもどるとき側転をしてもどったというのです。先に外に出た二人に気づき後を追った私の目前には鬼と化した父と、わけもわからず泣きながらあやまる拓矢の姿がありました。廊下のすみに小さく小さくなって泣きながら「ごめんなさい」を繰り返す我が子に、「どうしてそんなことしたの？」としか声をかけることができない私でした。後で落ち着いて聞いてみると「お焼香が上手にできてうれしかったから」と返ってきました。「どんなしつけをしているんだ……」とおっしゃった方があったようでした。

今思えば、これがADHDの初期の症状だったようです。けれど、このような子どもでも受け入れ認めてくれる場があれば、トラブルや二次障害をおこさずに過ごすことができるとも思いました。にもかかわらず、私たち夫婦は自分たちが恥をかかず、自慢できる子どもを作り上げることばかりを考えて劣等感という二次障害をおこさせてしまいました。もっと良い面を認め伸ばしていたら違う人格になっていたかもしれません。

入学後

「学校って勉強ばかりなんだ……」とブツブツ言いながらも楽しそうに通う拓矢でしたが、以外な面も出しはじめていました。幼稚園の頃には『おだやかな子』と言われていた彼が通学路でお友だちをぶったりけったりしているというのです。

そのつどおわびをして言って聞かせるようにしていましたが、一年生の年末に、担任の鈴木奈実先生から学校でのトラブルをお聞きしました。

内容は、お友だちと『戦いごっこ』をしていたところ、身体の大きな拓矢が、小柄なお友だちを「いじめている」と感違いされて数人に責められ、パニックになって泣きながらいすや机をたおして大騒ぎになったということでした。家で「僕は何人も相手に戦わなくちゃいけないんだ」と聞いていましたが、そのことでパニックになるとは夢にも思いませんでした。三学期は時々、お電話で様子を知らせていただいていましたが、特にこれといって印象に残ることはおっしゃいませんでした。二年生になって奈実先生がもち上がりでクラスの担任になってくださいましたが、このノートを始める頃には席につかないどころか教室を出てしまうような状態だったようです。それでも、家ではパニックを起すこともなかったので、あいかわらず夫婦して『自分の気に入る子』にしたくておこったりしていました。

ＡＤＨＤ児を育てる・母親と教師の交換日記

松下佐智子＋鈴木奈実

1997年5月17日(土)　鈴木（教師）

昨日、通級棟（正式な名前は情緒障害通級指導教室。情緒に障害のある子どもが複数の学校から通ってきて指導を受ける教室）の井上先生に話をしたところ、23日（金）の3、4校時に、拓矢くんと会うことになりました。内容は簡単なテストみたいなものをするとのことでした。結果などは後ほど私に、またなにか直接話す必要が出た場合は松下さんに話をするそうです。私が聞いた場合でも松下さんの方に伝えますので、よろしくお願いします。

今日、樺山くんと大げんかになりました。樺山くんと海老坂くんに「体操着もっているのに、着がえなかったんじゃないか」とうたがいをかけられておこった拓矢くんが、樺山くんの頭をこまのとがったところでたたき、樺山くんもおこって拓矢くんをたくさんたたいて大さわぎになりました。二人ともワーワー泣いて、他の子が「こまでたたくことないだろう！」と言ったところ、「じゃあ、ぼくをたたけばいいんだ～!!」と言って、こまで自分の頭をガンガンたたきはじめました。私がこまをあわてて取り上げると、「たたく～！　たたく～！」と大泣きしながらこんどは机の中のものをとり出して頭をたたこうとする始末。

とにかく相当興奮していたので、保健室へひっぱっていったところ校長先生が通りかかって話をきいてくださり、一緒に保健室でなぐさめたところずい分落ち着きました。「注射をしたところも樺山くんにたたかれた」というので、保健室の先生に消毒してもらったら気がすみ、落ち着いたようで、「もう自分をたたかない」と言っていました。3時間目はそんなかんじで半分ほど時間をつかいましたが、その後はずい分静かにすごしていました。樺山くんは大きなこぶができました……が、保健室で静養して大丈夫なようでした。

学校での様子など、少しずつでもお知らせしたいなと思い、書きはじめました。

よろしくお願いします。

5月19日(月)　鈴木

けんかもありましたが、彼の言い分をだまって聞いて受容的にすると、ずい分落ち着くようです……。昼休みは一緒になわとびをしました。

5月19日(月)　松下（以下、母）

金曜日に井上先生に会うことを友人に話したら、「それって拓矢くんの心の傷になったり、他の子や先生の見る目がちがってきたりしない？　私なら、個別に学校外に相談に行くな……！」と言われ、「ホウ、そういう考え方もあるのか……」と思いました。

鈴木先生が、校長先生ともご相談くださった上の井上先生とのお話ですから、私は金曜日が大切なものと受けとめているのですが、友人の意見も切りすてるには少し迷いがあります。

同じクラスの通級棟のお友だちのように一年生から通っている子に比べ、今から（通うと決まったわけではないけれど、一度でも足をふみ入れること）まわりのうわさになって、良くない方向にふりまわされたりしないか、少し心配です。私は井上先生にお会いすることを、拓矢とのかかわりに良いと思い、軽く考えていましたが友人のような考え方をするととても（拓矢に対して）『ひどい事をする』ことになってしまいます。

友人には、拓矢に何かの問題が発見され（された時）、それが先生方（他の先生）に伝わって、学年が変わってもそういうレッテルをはられたりしないか……とも言われました。校長先生や鈴木先生によ〜く相談して決めたら、と言われました。

友人流に考えると、母親が子どもとむき合って時間を作れば、解決できるのでは……となりますが、私なりにむき合ってきたつもりだけれど、今の彼になってしまっています。『人に言われたから考えがフラフラしている』というわけではないのですが、事の重大さを再認識していると、お察しください。

5月21日（水）　鈴木

今日2時間目に通級の先生方が寺田くんの様子を見に来られました。何か普段と違うと察したのか、算数はお話し問題をつくると言っていた拓矢くんでしたが、普段以上に落ち着きがなくなり（ランドセルは中身を入れたまま床におきっぱなし、数え棒で遊ぶ、まわりにちょっかいを出す、廊下へ出ていく等々……）、寺田くんの方がとてもしっかりしている……そんな感じでした。それが海老坂くんをはじめまわりにも影響し（？）すっかりざわついておりました。ハア。

掃除は気分よく、とてもいっしょうけんめいがんばりました。

5月21日（水）　母

「今日、通級棟の先生がきている時、ゴロゴロしたの?!」ときくと、「ケン君を見に来たのに……。あやしいヤツだったから……イヤだったの……」と答えました。何となく、察しているようです。やはり、金曜日の件を私の面談に変えていただいてよかったみたいです。「通級棟の先生きらい?!」に対して「ウン、だって……」と自分が見られていると感じたようです。もし、通うことになってしまったら、彼はどうなってしまうのか、とても心配になりました。

学校の宿題に対しては、あまりやる気を出さず、公文の宿題を喜こんでやるので、ちょっと様子を見させてください。拓矢に、「やらないなら公文やめたら?!　でもこれから、がんばるなら続けていいよ！」と言ったら続けたいらしく、どんどん、プリントをこなしていきました。波はありますが、キライと言っていた足し算も、あっと言うまにこなします。

本日、帰宅後の拓矢があまりにもしょんぼりしていたので、通級棟の先生のことは、とても神経を使わなければいけないことだと、再認識いたしました。

また、よろしくおねがいします。

5月22日(木)　鈴木

わかりました。井上先生は昨日出張でしたので、今朝話をしておきました。今日もランドセルはそのまま。体育の時間はずっと寝ころがって、何度声をかけても参加をすることができずにいました。ドッジボールは「何をしたらいいのかやり方がわからない、そうするとみんなからあっちへ行くんだ、こっちへ行くんだと言われてしまう」ということを話していました。

図工だけ意欲があり、「ここを直してみたら」という声かけに素直に応じてがんばっていました。国語はとうとうずっと寝そべったままで、ランドセルを片づけることが一時間内でできたことでした。「どうしてやらないの？　やろうとしないの？」と聞くと、「公文の宿題をがんばったから学校ではやらないんだ」と答えます（……そういえば前にきいたときは、「あんまり寝ていない」と答えたこともありました……）。

「公文をやるから、学校では勉強しないというのは、ちょっとへんじゃないかな。じゃあ、公文はどうしてやっているの？」と聞くと、「宿題があるから……」「おぼえていない。小さい頃からやっているから」と答えていました。

どうも国語が気がむかないようです……。書き方も、ノートと教科書がないと言い、「じゃあ、国語で何をする?」と聞くと、「何もない」と答えます……。

「今日は、図工はやったけれども……他にがんばったことはあるかな」と聞くと、「何もない」と言うので、「じゃあ、せめて5時間目はこれをやった! というのをつくろうよ……」と言って、今日の漢字「回」に取りくみました(それが漢字学習ノートです……)。

5月22日(木) 母

今日は、公文の日で、「月曜日みたいに車の中でやってもいいから、サッ! と終わらせてきたら……!」とご近所の子と遊ぶ約束をして出かけたのですが、「やっぱり、先生の所でやってくる……」とお宅に入って行き、約束した30分後に様子を見に行くと、まったく席にもついておらず、先生に「今日はちゃんとやらせようと思うので、後でお電話しますから、お帰りください」と言われ、電話がかかってきたのは、3時間後。やったプリントは二枚。

拓矢に「公文の宿題をやったから学校でお勉強しないというのではダメなのよ!」と、よ〜く話しはしてみました。どちらかでも「ちゃんと出来れば……」と思うのですが、皆さんにご迷惑ばかりかけてしまうようです。

明日の校長先生にお願いした面談、不安もありますが、心待ちにしております。
少しでも「普通」になってくれることを願う母です。

5月23日(金)　鈴木

昨日、通級の先生と話をしました。客観的に見ていただくといろいろなことが見えてくるのだなあ……と感じました。とにかく、現在の状態では、「みんなが目指すもの（あるいは私が期待しているもの）」と、「実際彼ができること」のギャップがかなり開いているのでは……ということでした。ですので、もっと具体的にできそうなことを示していくようにという話もあり、今日は目標を小出しにしていくようにしました（たとえば、教科書、ノートだけは出す、教室からは出ないなど……）。少しでもそこから参加するきっかけをつくっていけると良いのですが……。

今日はテストを二枚やりました。（引き算のテストのウラは月曜日にやるそうです）

5月25日(日)　母

金曜日に校長先生とお話しさせていただき、拓矢の「これから」のために、通級棟の先生のお世話（私たちへのアドバイス等）になることにしました。家での私たちのかかわりも大きく影響すると思うので、主人の参加が望ましい時はうかがうようにもしたいと思うので、どんどんおっしゃってください。

私は、まだどのように拓矢の行動にかかわったら良いかわからないので、とりあえず、追いつめない。約束事をゆずらず、一歩先へうながす（じゃあ、次、守ろうね！）といったことを目標にしようと思います。

鈴木先生が「してくださっている努力」に、とても感謝しています。

習い事の件ですが、校長先生のアドバイスにより、公文と工作教室を拓矢に選ばせることにしようと思います。木曜日に工作を体験させていただく予定です。学校の宿題も、なるべく提出できるようにさせますが、ちょっとたまってしまった算数は少々お待ちください。

この頃ちょっとしたこと、例えば拓矢の作ったレゴがこわれてしまったといっては泣き、私が拓矢の話をきかずにおこったといっては泣きます。でも洋輔がしたことには泣きません。アドバイスに「兄のプライドをもち上げろ！」というのがありました。ナルホド……と思いました。

5月26日（月）　鈴木

校長先生から2時間ほどお話されたことを聞きました。

今日の様子ですが……筆箱を足でつぶしてこわしてしまいました。石尾くんとけんかをして泣かしてしまい、それを何人かの子に責められての結果でした。こわしたものは（プラスチックの方）危険ですので、私の方で処分したいと思います。

算数のテストは残り半分をやると決めたのですが、結局気分がのれず四分の一ほどで終わりました。〝分らないな〟〝できそうにないな〟と思うとそれだけで集中力を失なってしまうようです。「無理だなと思ったら、先生に相談においで」という話をしました。「分りません」「無理なのでへらしてください」と言えるようになろう……というような話もしました。

ドッジボールは前々から、「わくの中で逃げるだけでいい」と言ってあったので（体育はやらないと言って体操着に着がえなかったのですが）、それだけは喜こんで参加し、一回あたったものの、なんと鮎川くんにボールをあて、内野に復活するほど活躍しました。

算数は、小問を一題ずつ目標にしてやらせてみようかと思っています。

もらった手紙や遠足のしおり、ぎょう虫の検査用紙をみんな捨てようとしますので連絡袋と一緒に入れておきます。よろしくお願いします。

5月26日（月）　母

買い物に行く時、いつもは助手席のチャイルドシートにすわる洋輔が、拓矢と後にすわるといって乗り込みました。途中拓矢がよそ見をしているとき、洋輔が前席に来ようとして、カーブをまがったのでころんでしまいました。「僕がいけないんです。ごめんなさい！」と洋輔をだきかかえました。こういうことが出来る部分もあるのに……と、とても不思議な気持ちです。

5月27日（火）　鈴木

洋輔くんのことは私はとても感心し、拓矢くんに「えらかったネ！」と言いました。

今日も朝はランドセルを投げたりしていたのですが、体操着もとても早く着がえ、比較的落ち着いてすごすことができました。掃除は、私の手伝いをするということでずい分よくがんばりました。中休みに一緒に長縄をやりました。他の男の子も一緒にやっていたのですが、大波小波を上手にとびました。（あとでちょっとじゃまをしてしまい、責められてスネていましたが……）。

帰りに、金魚の水槽の掃除を一緒に手伝ってくれました。私と二人でやったのですが、水かえなどをずい分がんばってくれました。家でもほめていただけたら……と思います。

算数はテストの表を全部おわらせました。

5月27日（火） 母

「遠足のしおりが必要なのだろう」というと、「僕、行かないから、いらない！」といいました。どうやら海老坂くんが、ネックになっているようです。授業中に必要だろうから、しおりはもって行きなさいと言うと、「一応もっていく」の答えです。

行きたい！　なのに……!!　という感じですので、よろしくお願いします。

5月28日（水） 鈴木

「どうして行きたくないの？」と聞いたのですが、「～がめんどうだ」とか答えます。「何かいやなことがある？」と言っても、「お弁当がめんどう、お菓子がめんどう」とか答えるので、「お弁当は、家の人が作ってくれるんでしょ。いいなあ。お菓子も好きなもの買えるんだよ」という話をしたら、「ぼくは作るの得意だから、フルーツとか持っていくんだ」とかいっていました。

海老坂くんの話はとくに本人はしなかったのですが……。思い出させると、今は行く気分になっているのに損ねてしまうのかな……と思い、本人にまかせることにしてみました。掃除の時におされて、窓に頭をガチン！　とぶつけてしまい、氷でひやしました。でもその後も私のまわりでぞうきん片手によく手伝ってくれました。

今日それから、昨日言っていたカードを使いました。四枚わたしていたのですが、2時間目は交通安全教室だったので使いませんで、結局一枚あまらせました。明日その分を使うんだと言っていたので、4時間の日は四枚、5時間の日は五枚だよと話をして、ちょっと不満そうだったので、あまったカードが出たら、そのカードにシールをはるという約束をしました。今日は効果があったようでがんばっていたと思います。

5月29日(木) 母

昨日まで「行かない、お菓子もいらない、お弁当は米一粒」と言っていた拓矢でしたが、今朝おきると、しおりを出し、持ち物のチェックを自らやり、いつもは7時50分頃に出る家を、7時36分に「早すぎるよォ！」の声を振り切って出かけて行きました。こんなに楽しみなら、楽しい一日だと良いなと思っていましたが、いかがでしたか？　本人は「楽しかった」といっています。

午後、先日お知らせしていた工作教室に行ってきました。「とても楽しい。来週も来たい！」というので、公文をやめ工作を習うことにしました。公文の先生にやめることをお話しすると、ここ一カ月くらいから以前とは違う荒れ方をしていて心配しているとのことでした。明日は、父親と1時間に一つずつ何かを覚えてきてお父さんに教えるという約束をしていました。

5月30日（金）　鈴木

昨日は私も心配だったのですが、行き帰りも班の中に入って行動することができ、嬉しく思いました。

川でも、自分でいろんな遊び方を見つけて友だちとも声をかけあい、過ごしていました。私もおやつをわけてもらいました。多分みんなと仲良くすごせるのが楽しみなのでしょうが、不安も大きかったのだと思います。けんかをしたりすることなく、彼にとっては不安を一掃するような成果だったのでは……?! と期待しています。

今日は、図書と生活と道徳は大丈夫だからカードは二枚でいいと自分から言ってきました。でも、一応三枚にしてみたら？　とカードをわたしたら、4校時の図書までに結局三枚使いきってしまいました……。算数では「cm」の学習をしました。「一つずつ覚える」と書いてあったので……本人にも確認はしたのですが……おぼえているかなあ……。

給食は「食べたくない！」と言って、全部つき返していたのですが、「全部食べないのはナシ！」と言って、メニューの中から食べたいものをえらばせたところ「パンと牛乳は食べる」というので、それだけ渡し、「もしあとから食べたくなったら、配膳台の上にとっといてあるからね」と言ったところ、結局卵以外はすべて食べました。

5校時は、遠足のことを生活ノートに書くことができました。

5月30日(金)　母

今日、吉本くんのお母さんから電話がありました。内容は、拓矢が、今朝声をかけずに行ったこと、登校中ぶったりけったりがこの頃ひどいこと。磯谷くん（彼は二人がおそいと先に行ってしまうらしいのです）におくれた理由を吉本くんのせいにすること（これは、拓矢は吉本くんが僕のせいにすると言っていたのですが……）でした。

「一人で行かせましょうか?!」と言おうかどうしようか迷ったのですが、この約束までやめてしまうのはどうかと思い、「よく言ってきかせますから……」と答えました。父親がぶたないようにして一カ月以上たつのに、拓矢に父の心はまだ伝わらないようです。

公文をやめたことが何となく心をみだしているようです。二歳半から行っていたので、さびしいのかもしれません。

5月31日(土)　鈴木

今日も、「ランドセルを片づけたら、カードをわたすから使ってね！」といってランドセルを片づけ、お道具箱のせいとんをしました。プリント類が何枚か出てきたので、連絡袋に入れておきます。

やはり不安定さは続き、今日は二、三度大泣きをしました。鮎川くんが、みんなのするときにしていない拓矢くんを見て注意をしてくれるのですが、それがかえってケンカのもとになり、けったりしはじめます。最近は彼にとってのイカクの攻撃は上ばきです。上ばきを手にはめて相手にとびかかります。鮎川くんたちも確かに度がすぎるところがあるので、もう少し大人になってほしくて冷静になるよう伝えました（注意をしてくれるのはいいのですが……）。

3、4校時は、カードを連続でわたしてひたすら粘土で何か作っていました。

それから、今日奥野くんとけんかをして、いすをふり上げてそのいすの足が奥野くんの目に少しあたってしまい、保健室でひやしました。「あやまったのに〜！」と大泣きするので「相手に聞こえなくちゃ意味がないんだよ」と言ったのですが、泣くばかりで……。

落ち着いた頃に「目はとてもデリケートだからもう二度とそんなことしないで！」と話しておきました。

実は昨日も、帰りに吉本くんたちをおいかけて、途中でたまたま歩いていた奥野くんにうであたり、奥野くんは保健室で顔をひやしました。昨日のことは多分拓矢くんはおぼえがないかもしれません……。ちょっと続けてあったので、奥野さんにもし、できれば一言言っておいた方がいいのかな？　とも思います……。

6月2日(月)　母

公文をやめたこと、かなりショックのようで、「宿題やろうかな、今日公文だっけ?!」と自分の中で整理できていないようです。

さっそく、奥野さんに電話しましたら、目は大したことはないようだが、先日もつきとばされたと言っていました。が、松下くんも他の子に奥野くんをやっつけろと言われて僕をぶちにきたり、この間はそれをことわってやられてまっつぁん(拓矢のこと)が泣いていた。いろいろあるだろうけど、先生がよく見ていてくださっているから、何かあったら先生にお話するから大丈夫だと言ってくださいました。

拓矢から、時々『誰かに言われて誰かをぶちに行った』ということも聞いていたのですが、本当にあったりするのかと思いました。変ですが、拓矢一人が百パーセント乱暴するのではないとホッとしてしまった母です。親のおろかさですが、拓矢一人を一方的に異物としてあつかわれてはいないでしょうか。他のお子さんの精神的成長のすごさを思い知らされます。

主人は土曜日はいつも拓矢を学校へ送っていくのですが、様子を見ていると、「簡単ないじわるだが、拓矢には太刀打ち出来ない」ことがあるといいます。結局拓矢は成長がおそいのでしょうか。

6月3日(火)　鈴木

人に言われて……というのが大変気になり、今日子どもたちと話をしました。子どもたちも自分を守ろうとしているのか、それとも毎日いろいろなことをする中でつい出てしまう言葉なのか……。言った人！　といっても手を上げないので、「言われたことがある、とか、そう言っているのを聞いていたことがある人」と聞くと、手が上がりました。人に悪いことをさせるような命令はしない。もし、そういったことをみかけたら（言われたら）、反対する。または先生に知らせるように話をしました。自分で考えられれば善悪の区別が分るように思います……。拓矢くんもそういう時は「ぼくはその時弱い者の味方についたんだ!!」と言ってくれるので、ほめたりもするのですが……。いつもそんな風になっていかないものかなあ……と願います……。

4校時は自習だったのですが（私が校内研修で授業を見に行くため）、「松下くんがさわいでる」と言うので、一緒に手を引いて授業をしている体育館へ行き、残ったテストを仕上げました。

……何とか、彼が認められる場を作っていきたいと思っています。ただ、今は、認められるにはかなり努力しなければならないところまできているような気がしてなりません……。私も小さなところから何とか、持ちあげていきたいな……と思っています。自分の力不足を感じてならない今日この頃です。

そういえば、今日も友だち（誰だか忘れてしまいました。すみません）ともめごとがあり、拓矢くんをよんで、「何をしたの？」と言うと、また、わけの分らない返事をするので「おこらないから、ちゃんと言ってごらん」と言うと、「ぼくが～ちゃんをたたいちゃったの」と正直に話してくれました。なのでそれ以上はおこりませんでした……。自分を守ってうそをつくのだ、ということが分りました。

6月6日(金)　鈴木

まだまだ立ち歩きは目立つのですが、拓矢くんオリジナルの席か、特別席、という条件はずい分のみこめてきているようで、〝座って～〟という時間が長くなっているように思います。特別席はある程度自由に動かせるのですが、そこに行きたいときはカードを出すということにしています。この頃は「一校時間は何分あるの？」ときいて、「45分だよ」と言うと、「じゃあ、カード二枚」と言って渡すこともあります。カードは20分の自由が保証（？）されます。

今日は、三回くらい大泣きしました。一回はかべに頭をガンガンぶつけて泣き、5組（特殊学級）の先生に止められるほどでした（給食はじまる頃、廊下で）。時間を決めて、「この時間に図書室から教室にもどって給食の準備をするよ」と言ったのですが、時間よりちょっとだけ早目に松下くんと奥野くんが帰るために並んだようなのです。それを見た海老坂くんが、「うしろに行け!!」と強く言い、みんなもワイノワイノと言って……それで、「みんながボクだけが悪いって言うんだ〜!!」と大泣きしたのです……。私がちょっといない時の出来事でした。

通級の先生との面談（?）についてですが、この連絡帳を見せて、話をしてみたところ、それなら……「6月21日（土）に、教室の相談日を設けているから、3校時の授業参観のあとにでも、通級によっていただければ時間をとることができますヨ」と話されていました。もし、その前にでも、話をしたいことなどあれば校長先生も時間をとりますよと言っていました。もし、よろしければ……でいいのですが、上のような時間はいかがなものでしょうか。

どうぞよろしくお願いいたします。

6月8日(金) 母

授業参観のお手紙（6月の予定表）をもって来ないので気になっていました。6月21日よろしくお願いいたします。それまでにまた何かありましたらおうかがいするかもしれません。

今日、家族でたまプラのロケットハウスに行きました。他のお子さんより、ロープウェイが上手にできて、皆に「すごい、すごい」と言われて上機嫌だったのですが、父のちょっとしたチョッカイに力がぬけてしまい、それをとがめた父に、土の上でころがり泣きさけぶことになってしまいました。

まだ、拓矢の状況を理解できていない父は「カッテニシロ！」と追い込んでしまいました。

「学校でもあ〜だよ！」と主人をなだめ、21日は二人で相談に行くことにしました。

6月9日（月）　鈴木

体育でドッジボールのキャプテンに（アミダくじで）なりました。本人ははりきっていて、キャプテンによるメンバー会議では、女の子ばかりを推せんして、五人中、松下くん以外はみんな女の子というグループになりました。「強そうなの選んだけど（気も強くて）いいノッ！ていうからこわい〜」と言っていました。（でもけっこう楽しんでいました）。

6月の学年だよりはきていませんか？（31日にわたしたのですが……）手元にないのでコピーをして明日わたしします。21日のこと通級の先生に話しておきます。

どっちかというとこの頃大江くんと仲いいようですね。かをるくんと拓矢くんは、お互いかかわっていないかんじです。

6月10日（火）　鈴木

休み時間に、5組のすすむくんにちょっかいを出して（本人は〝遊んでいた〟と言ってます）、それを見ていた他の子が注意をしようとして（これがゴカイだったのか⁇）またもめごとになり、掃除用具入れの中に入って大泣きしました。とても昼は食べられないと言うし、掃除用具の中にいるんだと言うので、「掃除用具は、ほうきやちりとりの部屋であって、松下くんのお部屋じゃないんだよ！」と話し、掃除用具のそばに机とイスを持っていって「ここにいたら？」と言うと、そこでずっと3校時半分くらいつっぷしていました。

ドッジボールはキャプテンになったこともあって、進んで参加をすることができました。集中してねらわれてしまったのがかわいそうでした‼（どうも……すぐあたってしまうのです……）

掃除はすみの方をとてもきれいにぞうきんがけしてくれました。……給食のことですが、この頃、「食べたくないんだ！」と言って配られた給食を拒否します。そんな時は近くの席の子にひとまず給食をおかせてもらって、「何も食べないというのはナシ。一つでいいから好きなものを食べて！　どれがいいかな」と言って無理矢理（?）一つえらばせます。で、一応他のものも置いておき、「もし、食べる元気がでてきたら食べてね」と言い、あとは本人の意志に任せます。……するとたいていは全部食べてくれます。食べたあとは「エライネ〜！」と言ってほめています。他の子がそれを見て「どうせまっつぁんは食べるんだ」などと絶対に言わないよう……無関心をよそおうよう近くの子には話しています……（本人には内緒です）。

そうそう、20分カードのことですが……、彼は、だいぶ有効に使う方法を覚えてきました。20分カードを使わなかったら（使わずにすんだら）カードにシールをはっていくのですが、「シールがたまったらどうなるの?!」と聞き、「もしたまったら20分じゃなくて30分にして!!」と言ってきました。「あぁぁ……、これは、このカードの目的を忘れているんだ」と思い、「本当は、このカードを使わなくても、みんなと一緒に勉強をがんばれるようにならなくちゃいけないんだよ。このカードにたよらなくても平気になってきたら、少しずつ減らしていけるようにしようねというような話をし、シールがたまったら賞状をプレゼントしようか～、なんて話をしました。彼も自分から気づいていくといいのですが……。う～んとりあえず待つばかりです……。

6月11日（水）　母

拓矢の通った幼稚園では、いろいろな障害を持ったお子さんも同じクラスで過ごしていました。もともと知的障害を持った方のための教育でしたから、拓矢のクラスにも重度の自閉症のお子さんがいました。口をきかないその子を、クラスの皆が助け、彼の声はどんなだろうと話し、初めて彼が、「お～手～手～」の唄を口ずさんだ時皆で静かにきき、拍手をしたと聞いております。このような中で育ってくれた拓矢を、私たち夫婦は幸せに感じておりましたが、世間では違うようですね。

先週の火曜日に、大江くんが遊びに来て、「来週の火曜日もまた遊ぶ」と約束していたのですが昨日は彼の都合が悪く、今日彼の家に喜びいさんで出かけて行きました。そろそろ帰る頃……と思っていたら、玄関の戸をける音がしました。開けてみると拓矢が泣いていました。

彼の話によると、磯谷くんと吉本くんと大江くんの家に行き、場所を知っていたのは拓矢だけで、マンションについたら五〇一号が五階とわからない拓矢は、二人においていかれ、やっとついた大江くん宅では、テレビゲームを少ししかやらせてもらえなかった。帰り道二人はかくれながら歩き、おこった拓矢が吉本くんに自転車で体あたりした。ちょうど、洗濯物を取り込んでいた吉本くんのお母さんに彼が言いつけ、「あまりいじめないでね」と言われた。大江くんが昨日遊べなかったのは吉本くん磯谷くんを含めた七、八人の子にさそわれたためで、それを、磯谷くんに「知らないのはおまえだけだ」と言われたということでした。

私が、「でも大江くんは拓矢もおいでって言ってくれたのでしょう?!」と言うと、それは嬉しいのだという言い方の返事をしていました。

我が子の話をすべて鵜飲みにするわけではないのですが、八割は想像がつくので、拓矢があわれでなりません。しかしどうすることもできないので、彼の話をゆっくり聞いてやることにしました。そして、暴力には言葉の暴力と、力の暴力の二通りあって前者は他の人に見えないけど、後者は他の人に見えるから、後者の方が皆に悪く思われる。だからすぐに手を出す拓矢がとても悪く言われて悲しいのだと話しました。

めずらしく早く帰宅した主人を皆でむかえに行き、心を落ち着かせたのですが、家が優しいと学校をつらいと考えるようにならないか……と心配です。ハイの時に「明日から学校に行かない……」と言っていたので……。今朝おくり出した彼の姿があまりにもさびしそうだったので、今日一日が重く感じられます。先生が書いてくださる中で感じる拓矢への深い理解にいつも感謝しているのですが、拓矢にかかる分、他のお子さんにさびしい思いをさせているのではないか……、それが皆の拓矢を見る目を少し変えていないか……と気になります。もし、通級棟に（通えるなら）行った方が、先生や皆さんの重荷にならないのなら、先生にお願いしてみてください。誰でも受ける子どもにありがちな、ささいな意地悪にあまりにももろく傷つく拓矢を守ってやれない自分がなさけなくて涙が出ます。

卒園した園の園長先生が、自分のお子さんが、つらい中学受験の末、本命をおとし、やむなく行った中学で登校拒否になり、そうなるまでの娘さんの心のSOSを聞いてあげられなかったご自分を、涙ながらに話されたことがありました。私たち親子は幸いにも先生が拓矢のSOSに気づいてくださったので、心の声をきいてやることができました。できれば、このSOSを良い方向に導いてあげられたら……と思います。

とても長くなってしまったのですが、今日の出来事は私にとってあまりにもショッキングだったので書かせていただきました。拓矢の寝顔は不安と期待に胸ふくらませていた幼稚園の一日目と変わらないように思います。

6月12日（木）　鈴木

大江くんの家に行った件、磯谷くんと吉本くんから話を聞きました。三人は大江くんの家まで は一緒に行ったそうです。あれ？　と思い拓矢くん本人にも聞いたのですが、拓矢くんも玄関までは一緒だったと言いました……。テレビゲームは三種類やったようですが、吉本くんと磯谷くんは「拓矢くんはうしろで他のおもちゃで遊んでいた」と言いますし、大江くんは「松下くんはやらない！　って言ってた」と言います。東野くんは、「さいしょの二つのゲームは一緒に遊んでいたけど……三番目はやらなかった気もするし、やった気もするし……」と答える状態……。結局子どもだけになると遊びに夢中で見えていないのだろうか……と考えさせられました。

磯谷くんが「知らないのはおまえだけ……」と言うことは、ちょっと磯谷くんは私の方も文脈から判断しきれず、説明も不足したのかそういったか覚えがないようです。帰りは二人でかくれながら帰ったと言っていました。二人は歩き、拓矢くんは、自転車ということもあったのか……？　遊びのつもりだったようですが、「そういうことが松下くんの心を傷つけてしまうんだよ」と話をし、「みんなで同じように遊ぶように考えてほしい」というようなことを言いました。

体育でうまくボールをよけられず、また何度かあたってしまい、それを海老坂くんなどから「座りっぱなしじゃだめなんだゾ」と言われてしまい、「帰る〜!!」と言ってランドセルを背負い、さわぎになりました。私の方でなだめになだめて、思いとどまらせました。その後図工になったのが良かったようです。ノリにノッて紙粘土で作品を作りあげていました。

給食の時に、女の子二人が上ばきでたたかれたと言ってきました。どうしてたたいたのか拓矢くんにきくと、「黒板にへんな顔をかいていて松下って書いたからだ」と言います。女の子二人に聞くと、「絶対そんなことはしていない、自分の名前は書いたけど……」とこれまた真剣に言います。どちらが本当なのか……話し合いは平行線のままで困ってしまいました……。

算数のテストは金曜日に仕上げると言ったのですが、今日がんばって仕上げました。ぜひ家でもほめてあげてください!!

6月12日(木)　母

昨日は、私も少しHighになって書いてしまいました。

個人攻撃になりますが、磯谷くんと吉本くんはそれぞれ一人ずつ遊びに来てくれた時はとても好感が持てるのですが、二人がいっしょだと組んでしまうようです。吉本くんのバースディにお呼ばれした時に、ファミコンのへたな拓矢にいらいらした磯谷くんが、手を出し、大げんかの末、泣き帰ってきた前例があった（それは吉本くんのお母さんから電話できいた話です）ので、私もピリピリしてしまうテーマでした。

でも、今回は拓矢にも変化を与えました。何回きいても「ファミコンはいらない！」といっていた彼が、今朝「僕の誕生日に買って欲しい」といいました。すぐに「はい、どうぞ……！」というわけにはいきませんが、主人と話し合う予定です。

この土日に漢字のドリルを少しでもやらせてみようと思っています。

このノートは私の宿題と思っているようです。笑っちゃいました。

6月13日(金)　鈴木

確かに、二人は組んでしまうと少々排他的になってしまう傾向があるようで、そのことで海老坂くんともトラブルになったことがありました。仲が良くてそうなってしまうのかもしれませんが、そうすることが他の人の気持を傷つけることになることがあるのだということを、二人にかぎらず全体に声をかけようと思います。

1、2校時の学区探険では、列に入って歩くことができました。もともと生活は好きなようで、帰ってからの生活ノートへの記録もいやがらずにすることができました。……考えてみると……全然気がのらなくて……ということが少なくなってきたような気がします。20分カードは出すのですが、好きな席で意外と（？）みんなと同じ課題を自分なりにアレンジしてやっている様子がよく見られます。一時期は何を言ってもてこでも動かなかった拓矢くんですが、その頃よりはずいぶんかわってきたような……そんな感じがします……。（しかし、今日は朝から校長先生にニクタラシイ（？）あいさつをしたようで……「こんなことがあったのヨ」と校長先生ににこやかに（？）聞かされました……）。

6月16日(月)　母

日曜日は、プールに行き、洋輔をだいてプールに入り、初めはイヤがってた弟も絶対なる信頼をもって水に入っていました。拓矢の顔は真剣そのもので親もとても感心してしまいました。

彼は、月曜日の「先生あのね」は書くことがいっぱいある（？）と言っていたので楽しみです！

今朝「今日、体育があるから行かない！」と言ってぐずぐずしていましたので、先生にキャプテンを変えていただくから……と、説得しました。かなり負担になっているらしいので、キャプテンの件よろしくお願いいたします。

ドリルはできませんでした。少しずつ……と思っています。

筆箱を忘れてもってこないので、一声かけていただければ……と思います。

6月16日(月)　鈴木

「先生あのね」がんばりました。読んで明日持たせてください。

「キャプテンはやりたくない、はやく変えてほしい」と言うので、班の子をあつめて、「松下くんがキャプテンを代ってほしいんだって。だれか代りになる人はいる?」と聞いたら三人の子がやりたいと言うので、「じゃあ、この三人からきめていいかな」と拓矢くんにきくと、「イヤダ」とこたえます。「え? だってキャプテンしないんでしょ」と言うと、松「やっぱりヤダ」、松「本当にいやなの? キャプテンのままでいいの?」、松「うん、いい」……。

結局、副キャプテンを女の子の中から選ぶことになり、拓矢くんもそれならいいと言うのでそうしました。

……朝会はどうしても悩みのタネです。これだけはゆずるわけにはいかないので毎週戦いです。砂いじり、前後にちょっかいを出すなど……5組の子もここではきちっとしているだけにどうしたものかと頭をかかえるばかりです。ハァ休み時間は、友だちの中に入って仲よく遊んでいます。主に女の子たちと遊んでいるかな……？　昼休みは教室で伝言ゲームを十人くらいでやっていました（男は松下くんと倉本くん）。

6月17日（火）　鈴木

今日も漢字学習ノートには取組めず、漢字練習をすると言ったもののそちらも達成できずフラフラしている感じだったので、「先生あのね」の続きを書く？　ときいたら、それを喜こんで取組んでいました。

体育は一人でハズれて……ということがほとんどなくなりました。班のメンバーを自分で選んだこともあり、居心地がいいのかもしれません。

朝、ぐずるのが心配ですね、来てしまえばのりきれてしまうのだと思いますが……。少しでも彼が無理なくがんばれるよう、こちらもいろいろと考えたいと思います……。

6月18日（水）　鈴木

国語でプリント学習をしたのですが、黙ってすみの方で小さくなって（？）また廊下に出ようとする感じでしたので席に座るように言い、わけをきくとプリントができないので、ということでした。「そういうときは黙ってどこかへ行ったりしないで先生に分らないこと、できないことを言うように」と重ねて話をしました。

どうも国語となると苦手心が入るようで、やることを考えさせても結局きまらず、読書をするということで「席にすわって静かに……」ということができました。

給食当番はいつもよく働いてがんばっています。ただ、マスクを三日連続で忘れているようですので持たせてください。

6月18日（水）　母

月曜日に送って以来、洋輔が「よ～ちゃんも～！」というので、拓矢もその気になってしまって、日課になりつつあります。運動になって良いのですが……ムムッ！

このところ、夜寝るのがおそくなりがちで、朝起きられません。ついつい、学校のお仕度を私がやってしまっています。そしてついつい「明日起きられなかったら、もう……はさせない！」と追い込んでしまいます。

どうしても自分の作ったレゴや、整えた何かをくずされたりすると、パニックになってしまいます。

このところ、洋輔と二人きりということがあまりなくて、今日、午前中のんびり洗たく物を干す準備をしていたらそばにきて私の機嫌をとり、「だっこ〜!」とニコニコして手を出しました。同じ思いで拓矢も私に手を出しているのかな?! とハッとしました。心をうめるための手であるかもしれないのに、私はちゃんと受け止めてあげられているか、自信がありません。

今日、お菓子を（いつもは拓矢が自然と多く取るようになっていましたが）平等に目の前で分けてやりました。「お兄ちゃんはガマン」も「小さいから少し」もなく……。それがみょうに嬉しかったようです。

自分の方が愛されている……という自信が欲しいようにも見えます。まだまだ幼いのでしょうか?!

6月19日(木)　鈴木

図工は、学習に対する考えからしてちがっていますね。用具もきちっとすべてそろえて、とてもいっしょうけんめい取り組みます。こういうことが一つでもあるといいですね。おかげで20分カードをわたすのをすっかり忘れてしまいました。20分カードを使わずにすむとシールをはってあげています。今日まで三日連続、一〜二枚残すことができていて、シールがたまっていき、喜こんでいます。少しでもはげみになってがんばっていくといいのですが……。

6月22日(日)　母

ステキな授業参観をありがとうございました。母が体調が悪く洋輔をつれていくことになり、不安もあったのですが、つれていっても（席にはつれていってしまいましたが）彼がそれなりに落着いていたように思い、他の方にはあまり良く映らなかったかもしれませんが私たちは満足でした。

通級棟でのお話はとても有意義で主人もずい分考えて、接し方も少し変わって……実践しているようです。教えていただいた接し方、落ち着いて考えると出てくるものもあって、先生方ってすごいな〜と思いました。

6月23日(月)　鈴木

授業参観、私も彼にしては上出来だと思いました。以前に比べて弟さんもなんだか落ち着いて、私はあれでよかったのではないかなと思っています。通級棟の先生からも、いい話ができたということ、うかがいました。今日も保健係の当番だったのですが、「ヤダヤダ」言うので「行かないというのはないんだよ。どっちか選ぶんだヨ」と説得すると、「じゃあ両方行く！」と言って麻生さんはあわてて追いかけていきました。麻「私がどっちかやるから！」松「お前行くならオレは行かね！」という会話が廊下からきこえましたが届けに行ったようです。

算数は「お話問題をつくる」と言うので、「じゃあやってごらん」と言いましたが、彼はウロウロしては友だちと関わっている状態。「それならカードを二枚出しなさい!!」と言うと、「それはイヤダ」と言って席に座ってあわてて自分の課題に取り組もうとしていました。算数のプリントを宿題でくばりました。あと献立て表と「いちにのさん」(学級通信)を配布しました。

6月24日(火)　鈴木

今日も休み時間に大泣きをし、机(いすかもしれません)をなげて麻生さんの頭にあたりました。幸いたいしたケガではなかったのですが……。また、けんかをしていたのが、囲りにワイノワイノいわれて興奮してしまったのが原因のようです。他の子どもは両方とも悪いと話していました。海老坂くんが神経を逆なでするようなことを言ったようでしたので、「おさまりがつかないようなら先生に言いなさい」と言いました。

本来ならば自分たちで解決できるようになるのが一番なのですが、拓矢くんの場合は、気持ちに不安定さがある場合には、大人の方でクッションを入れる必要があるみたいです。いつも学習は国語がネックなのですが、今日は、たんぽぽの変化の様子を絵に書こうというところで、とても熱心に取り組みました。「絵なら自信あるよ!」と言ってはりきりました。漢字は一コース、二コースから四コースと四つのコースに分てやったらよくがんばりました。

6月25日(水) 母

昨日、プールの仕度の袋を道においていく、投げる、ひきずるの大さわぎで、学校まで送っていくことになりました。おこってしまいそうな自分をおさえ何とか行きついて……

私は一人の我が子でこのざまですから、先生の御苦労をありがたく思います。

6月25日の出来事 (本書編集に際して加筆)

夜に奈実先生からお電話があり、麻生さんに怪我をさせてしまったお詫びをしたらどうか……と、アドバイスをいただきました。麻生さんのお母様はわたしの苦手なタイプでしたが、勇気をふりしぼって電話をしたところ、話は思わぬ方向に向かっていきました。

先生のお話では、パニックになっていすを振り上げた拓矢を止めようとして麻生さんの頭にいすがあたってしまったらしいのですが、お母様はお嬢さんがなぜ止めたりしたのか、そんなあぶない拓矢の隣の席になぜすわっているのか納得いかないようでした。それはかりかご自分が人づてに聞いた拓矢のうわさをいろいろ話し出されました。毎日のように拓矢にいじめられているお子さんのお母様が心配のあまり胃に穴があいたとか、毎晩睡眠薬を飲まないと眠れないとか。私は初耳のことばかりで、先生もご存知なかったことばかりでとまどってしまいました。何より悔しかったのは授業参観で自分の席に洋輔を連れて行ったことを皆が非難していると言われたことでした。一年生の時二人のお友だちが参観日に同じように弟さんや妹さんをひざの上に乗せて授業を受けていて、誰もそれについてとがめたりした話を聞いたことがなく、先生もその日の拓矢の行動を快く見守ってくださっていたのです。なぜ拓矢だけとがめられるのかどうしても納得がいきませんでした。いろいろ話された後、麻生さんはそれなら次の懇談会で拓矢の現状や、通級に行くことを説明したらどうかとおっしゃるのです。電話を切った後、悔しさのあまり、主人に「お父さんが拓矢をぶったりするから……、やめてくれって言っているのに、追いつめたりするからこんなこと言われるようになっちゃったんだ！　拓矢がこんなになっちゃったのはお父さんのせいだ！」と泣きながらののしってしまいました。彼はずっと「ごめんね……ごめんね」と繰り返していました。

6月26日（木）　鈴木

昨日は本当におつかれ様でした。

さっそく、井上先生からお話があり、来週火曜日の午前中に試しに来てみたら……ということでした。屋内プールに入るそうですので、水着を用意してほしいと言っていました。

電話のこと、本当に残念に思っています。あとで考えたのですが、麻生さんにしたことを謝罪しているのに、やはり過去の積み重ねを掘り返すことは筋がちがいますし、ましてや事実関係をおいといて（ムシして？）人づてに聞いたことを並べてしまうのもおかしいのでは？と思いました。

拓矢くんを迷惑だというのは簡単なことですが、それを言っても解決にはならないと思います。拓矢くんがいて、だからまわりも拓矢くんを含めてどのように付き合っていけばいい関係が保てるか、今の時期だからこそたくさん悩めばいいのだと思います。校長先生もそのように話してくれました。

……そんなことを思い、今日クラスの子どもたちと話をしました。「松下くんは何もしないのにぶったりしてくることがある」と言う子、奥野くんは、「ぼくも悪いんだけど……松下くんに痛い目にあう」ときちんと自分の非もみとめた上で言ってくれました。

「松下くんはどういうときにバクハツするの？」ときくと、何人かの子が手を上げました。「みんなが責めるとバクハツする」。……よく分っているみたいでした。

松下くんには、人にものでで攻撃したり、かかっていったりするといやがられるのだという話をしました。その上で、みんなにもどうすれば松下くんはバクハツしないかな？　ということを考えさせると、「やさしく話しかける」「責めたりしない」という言葉が出てきました。ただ中には「近よらない」みたいな意見もあったので、「それは……いいのかなあ……？」と考えさせるようにしました。

とにかく「松下くん一人が悪いんだばかり言っては、松下くんはどうしたら良いか分らない。みんなも松下くんがバクハツしない、いいクラスにしていくことが大切なんだよ」と言いました。子どもたちはずい分わかってくれたようでした。

今日の体育では、「ボクはバクハツした〜い!!」と言うので、「その力を、とび箱のふみ切り板運びに使うんだ!!」と言ったら「ワ〜ッ!!」と二枚も三枚もすごい力で運んでくれて、まわりもスゴイ！　と驚ろいていました。

国語の時間も「バクハツする、いす、机をたおしたい」と言うので「だっこしてほしい人」をつのって、だっこして運ぶことをしました（三人くらい）。すると「すっきりした！」と言って席へもどっていきました。

ただ今日、奥野くんを二度も攻撃していたので、二度目には、「奥野くんに手を出したら許さない、先生が相手だ！」とおどしをかけると、「ハイッ、ハイッ」と言ってました。そのあとは手を出していないようです。5校時の書写では、返したプールカードを破ってしまいました。笠原さんと麻生さんがセロテープで、直してくれたのですが、また破ってしまう状態。「だったらいらない紙を破ったら?」と画用紙を渡し、それをごみばこでビリビリと破っていました。子どもたちがおだやかに接しようと気をつけている分、今日は拓矢くんもおだやかだったように思います。ビリビリと破りはじめた紙で、「これを使ってはり紙(ちぎり絵)が作れるよね」と言ったら、さっそく帰るころになって始めていました。

プールは、顔をつける時になると逃げて?! プールサイドで休んでいました。やはりこわいようです。井上先生にそのことを言うと、「浅いし、温水だから! と言ってのせちゃって下さい」と言ってました。

6月26日(木) 母

お電話ありがとうございました。

麻生さんのお話は、考えれば考えるほど頭にくるのですが、先生が分ってくださっているのがとても救いです。本当にありがたいです。

参観の洋輔のことも、なぜ拓矢が「だきたかったたか……?!」の原点にもどると、「やっている人がうらやましかった……」に行きつきます。親も「どうして? なぜ??」といつも言ってしまっていますが、その前が彼にはあって、それを気づいてやれなかったことが多いように思います。

明日も一日、よろしくお願いします。

6月27日(金)　鈴木

今朝はありがとうございました。見つかったと知り、拓矢くんも落ち着きました。奥野くんにあやまるように伝えたのですが、はじめは照れるのもあるのでしょうか、ふざけて言うので、私の方が「そんな言い方は相手に失礼だ」と言って、もう一度あやまらせました。

なぜ、奥野くんに疑いをかけるのか、なぜ奥野くんなのか……ただ、ここのところ見ているかぎりでは、前までは保田くんだったのが奥野くんへ……というのはあたっているように思います。何もしないのに……ということですが、松下くんにとっては何かをしたいと思った時に、ちょうど目に入る位置に奥野くんがいるのかもしれません。その時によってはわけもついてくることはあるのですが、いつもいつも理由があって手を出しているわけではないということは、現実として分っていただきたいと思います（子どものことですし、そういうことは誰しもあります）。

ここで、松下さんもあちらのお母様方のように考えがふくらんでいっては（そんなことはないと思うのですが……）解決できるものもできないように思います。「どうしようもないわけがあって手を出していることもあるのだ！」ということを、私たちが奥野さんたちに言いたいのと同じように、奥野さんも「わけもなく手を出していることもあるのだ。それを止めてほしい」ということを言いたいのだと思います。今日、奥野さんからも私と話をしたいという申し出がありました。

「いちにのさん」、今日間に合せたかったのですが、いろいろ考えるとどうにもまとまらなく、書き終わりませんでした。すみません。

……奥野さんをかばうわけではありませんが、松下さんがお電話をしたときは、いろいろと思いもあったのでしょうが、いちいち掘り起して言うのはやめようという思いがあったのではと思います。（麻生さんはあえてそれを言ってしまったわけです……が）これはこれで真実としても問題はあるのですが……。

もう、子どもの言うことのくいちがいをいちいち思い出し、掘り起してもはじまらないように思います。これからの子どもたちの行動の仕方をその場その場で、具体的に助言をしていくことがいいように思います。そこではこうしないで、このようにしたら？　と……。いろいろな良い方法を一緒に考えて実践させ、できたらほめていくことで応用もついていくように思います。

すみません……勝手なことを言いましたが……。私も気分的につらいのですが、こんな時だからこそ、クラスの雰囲気を見直していくチャンスなのかなとも思います。

掃除はがんばっています。今日もごみひろいがんばりました。机を運ぶ時に「ありあまった力を使うんだ！」と言うと、いっしょうけんめい運んでくれました。ぜひほめてあげてほしいと思います。そして、この力を乱暴に使わないで、机やものを運ぶとか、役立つほうに使うんだ……ということも家で声かけしたり、やってみてはいかがでしょうか……（もし、やっているようでしたらすみません）。

6月30日（月） 母

先生のお考え、よ～くわかりました。私も大分ハイになってしまっているのも事実なので、すこし反省しています。奥野さんにしてみれば「ずっと見ていろ！」と言いたいくらいでしょうね！　逆なら私もそう思うと思います。ただ麻生さんの様に考えている方が何人かで7月3日を待っているとすると、とっても気が重いです（「いちにのさん」でそれは減ってくれることを望んでいますが）。

昨日は庭のプールに入り、昼食も外でとったりゆったりとすごすよう努力しました。夕方父と弟と外で遊んでいて父とのやりとりで大泣きして帰ってきましたが、理由をちゃんと話すことができました。

今朝、奥野くんをぶったりけったりしちゃダメだよ！　お友だちに「いじわるすると自分もされるし、やさしくすれば自分もされる」と話をしたら、くらい表情になって返事をしませんでした。ちょっとおいつめて（夫婦でいってしまいました）しまったので、荒れるかもしれません。

6月30日(月)　鈴木

明日については校長先生と相談して、当日誘って行かせることにしました。それから、「いちにのさん」のことなのですが……。校長先生に同様に考えたことを相談したところ、「それはやめた方がいい」と言われました。「今は簡単に複製がなされる時代だし、記録としてあと残ってしまうものだから、松下さんもあとでいやな思いをしかねないのでは」ということでした……。私もちょっとカーッとしていたところがあったので、それもそうだな……と思い反省しました。木曜日不安だと思います。私ももうすこし頭を冷やして考えたいと思います。校長先生も、木曜日については一緒に相談に乗って下さるとのことでした。

私は絶対味方はいると思います。どの子も完ぺきではありませんし、それぞれに悩みはあると思うのです。松下さんも、今している（努力されている）ことは絶対にまちがったことをしていないと思いますので、そのことを素直にうちあけ、「悩みながらも何とかしようとがんばっている」ことを言い、みなさんにも力を貸してほしいという方向へ持っていくといいような気がします。相手を同様に責めてしまうよりは、そう言うことで話もなごやかになっていかないかな〜と思います。私もそこのところはしっかりと言いたいと思っていますのでがんばりましょう。通級の先生や校長先生は味方をしてくれています。大丈夫だと信じています。それだけ今、悩みに悩み、行動しようとしているのですから……。

今日の朝、拓矢くんが百円玉をひろって職員室に届けてくれました。えらかったね！　とほめました。

今日は、心配するほど荒れたりはしませんでした。まわりの子もやさしく接しているので落ち着いているようです。奥野くんもよく話しかけあったりして、やっていました。ノートでやさしく奥野くんをはたくので「やめたら？」と声をかけたら、今度は私をやさしくはたきました。その表情がとってもあどけないので、三人で思わず笑ってしまいました。

6月30日（月）　母

神戸の淳君の事件の中学生を思うと、校長先生のおっしゃる話がとてもうなずけます。あのニュースをきいて拓矢にあてはめた方もあったかな……?!　とも思います。コピーされるのも後で何かあったらこわいけれど、木曜日を思うと、イキナリ……は、とても気分が重いです。

主人の参加ですが、カッとなるならヤメたら……と言うと、血が昇ってしまうからヤメとく、ということになりました。今日のノートに奥野くんとのことが、なごやかに書かれていてとても嬉しかったです。

朝、上ばきを届けに行った時、洋輔から離れようとしない拓矢に「朝礼始まるよ、まっつぁん！」とつれていってくれた男の子がいてとても嬉しかったです。拓矢に「あの朝の髪の茶色い子何というの?!」ときくと「カッコイ〜コ?」というので「そう！」といったら前田くんで、一番カッコイ〜ンだ！　と教えてくれました。何度か拓矢のそばにいてくれる彼を見かけたことがあっていつもやさしい目で見ていてくれるので、帰宅後遊べるといいと思っています。いかがでしょう?!

夕方、机の下にふとんをしきつめて『家』なる物をつくって楽しんでいたのですが（今日は洋輔の分まで作って二人とも大喜びでした）、ふっと見ると中で泣いていたらしい目をしているので尋ねると「悲しいことがあったから……」といい、「お母さんに言えないこと?」に「ウン……」。「学校のこと?」「皆が僕を責めるから……」と答えるのです。

今朝、鮎川くんが「まっつぁんバクハツすると手に上ばきつけて大あばれするんだよ！」というので「バクハツしないようにしてあげてね！」に「うん!!」と優しく答えてくれたので、お友だちのかかわり方も変ってきてくれていると思っていたところだったので、ちょっと気になりました。
明日よろしくお願いします。木曜日に「親がついていろ!」という意見が出たらそうしなければいけないかな……と思うのですが。校長先生のそうならないための通級棟という言葉を信じて、他の方が納得してくれることを期待します。拓矢は淳君にもあの中学生にもあてはまるのではないかと思います。

7月1日(火) 鈴木

今朝は、「ちょっと一緒に来てくれる?」と言って仕度をさせ、いきなりつれていってしまいました。「ここでプールに入るのよ」と井上先生に声をかけられると、靴をはきはじめ、しばらく「カエル～カカカカカ～」とさわいでいましたが、井上先生の上手なエスコートであっさり行ってしまいました。

子どもたちは、どうしたの? どうしたの? とさわぐので、はじめは他のことを言ってごまかしていましたが、もどってきてからのことを考えると、別のことを言っても仕方ないのかな? と思い、松下くんは通級におためしで行ったこと、みんなが何かたりない(直さなきゃいけない)ところがある中で、松下くんはそれを自分でよくしようとして、もしかしたら行くかもしれないということ、松下くんもみんなが困っていることを直すためにがんばりはじめているから、みんなも松下くんばかりを「いつもやるんだ！（手を出すんだ）」とかそんな言い方をしないで2年3組の仲間として、一緒にやっていくことを考えてほしいということを話しました。

拓矢くん、はじめる前はいやだいやだと言っていましたが、もどってくる頃には開口一番楽しかった！　と言ってくれました。様子は本人からきくのが一番と思います。

昨日、石尾さんと電話で話をしました。

奥野さんにも聞いて分ったのですが、麻生さんの方でちょっと思いこみや想像上の解釈みたいなものが入ってしまったのは事実のようで、皆さん比較的今回の一件を冷静に見はじめているようでした。まあ、でもここまでさわぎになってしまったことだし、お互いに悩みをぶつけあってたまったものを出すといい方向へむかうのでは、と思います。木曜日、楽な展開になるとは期待できませんが、今後のためにもこの日は乗り越えていくことが大切に思います。私も個人攻撃にはならないようつとめます。石尾さんにもお願いしました。

麻生さんも、初めて娘さんを育てていく中で松下さんと同様、実はいろいろと不安な点が多いと思うのです……。ハイ……。難しいです……。

7月2日（水） 母

通級棟が楽しみになったみたいです。来週持っていく物をいっしょうけんめい話してくれました。今朝は、自分から学校の仕度を整えました。朝食の時ちょっとしたことですねてしまいましたが、後は機嫌よくすごせました。

明日のことは気が重くないと言ったらウソになりますが、これも我が人生と正面切っていどむつもりです（Ｂｕｔ、やっぱり麻生さんは、イメージが強烈！）。

7月2日（水） 鈴木

ちょっと気分が荒れています。友だちの攻撃、ランドセルを投げる、けとばす、教室をウロウロ……。一つ一つなだめるごとに悲しくなってしまいます……。

今日はまたもや……麻生さんをけとばしてしまいました。ひざが赤くなっていました。松下くんのまねをしていた鮎川くん（そうすることで仲良くしようとしていたようです）を、松下くんが本当は止めさせたかったようなのですが、麻生さんがかわりに止めたようで、それでじゃまだからけった……と言うのです。ぜったいに手を出すなと重ねて言い、めいちゃんにあやまらせました。……がもしかすると明日お母様から言われてしまうかもしれません。

通級の井上先生は、とてもよくやっていたことを教えてくれました。板書をするときにどこまで書いたかわからなくなるようで（私も感じていたのですが）しっかりここをやっていると言わなければいけないようです。ただ……この二日間の荒さは気になりますので、再度相談をしたいと思います。

7月3日（木）　母

昨日の出来事、情なくなってきました。彼の言い分は初めちょっとちがって、聞きなおすと「ウソ」がまじっていて、私は強くウソをとがめました。鮎川くんのまねとは奥野くんをぶつことだったのでしょうか?!　やりきれません。

今朝、あまりにもぐったりした私は朝から重ねて人に手を出さないことなど言うと、またその話……？　となげやりな答え方しかしません。いったいどうすれば彼が変ってくれるのか、誰か教えてほしいです。

懇談会

はじめは行かないといっていた主人が仕事を早退して帰ってきて「僕も一緒に矢面に立つ

よ」と言って懇談会に行きました。

いつものようにコの字型に並べられた机の奥側に私と主人。反対側に皆さんが座り、まるで被告席のように感じました。定刻になり、先生から開始のあいさつと私の紹介があり、私はこれまでのことをお詫びし、説明を始めました。妹や弟をひざに乗せて授業を受けても話題にならなかったお母様も麻生さんもこの話題の時にはいらっしゃらず、ちょっと悔しかったのですが、麻生さんも途中から参加されて、話が進みました。私は拓矢の幼い頃からのこと、就学してからパニックを起こすようになったこと、パニックの引き金になった出来事もあったこと、情緒障害通級指導教室に通ってカウンセリングを受けることになったことなど報告しました。先生が一息入れるように皆さんのご意見を伺うため、指名してくださった方は、三人の男の子をお持ちで、明日は我身かなと思い聞いていたが、でもよい方向に向いていくと思うと言ってくださり、身体が小さいのでいじめられているように見え、この話のきっかけのひとつであったお子さんのお母様は私が説明している時「うちの子のことだわ」と小声でかばうように言ってくださいました。その方も三人の男の子をお持ちで、以前ご次男のクラスに拓矢のようなタイプのお子さんがいてトラブルもあったが、担任の先生が奈実先生のように頑張ってくださって乗りこえたのを体験している。だから拓矢もきっと良くなると涙ながらに話してくださいました。

けれどやはり麻生さんの見方は違いました。トラブルに巻き込まれて怪我でもしないかと安心して学校に出せないし、他にも同じように考えている人がいるらしいことを強い口調で話されました。また、自分は子どもに危険なことが起こりそうになったら、逃げ帰るように話そうと思う、それが親の役目と思うからという意見も出されました。先生はこの頃一番迷惑をかけている奥野くんのお母様を指名されましたが、奥野さんはわたしのほぼ正面の前列に座り、考え込んでいるような厳しい表情でずっと聞き入っていらっしゃいましたが、自分の子がぶたれるのにはうちの子にも悪いところがあるのだと思うから、家に帰って子どもと話し合ってみようと思うと言ってくださいました。ここで主人がいろいろご不満もおありかと思うが、長い目で見てやっていただきたい、くさい物にふたをするようなやり方ではなく、良くなる努力を見守ってほしいと机に頭を付けるように深く頭を下げて頼みました。それに対して麻生さんから返ってきたのは、お宅の子どものためにうちの子に我慢しろと言っているのか、という言葉でした。私は重ねて先生のしてくださる努力に加えて、信頼できる通級の先生にお任せするのでいましばらく見守ってほしいと懇願しました。それでも納得がいかないとおっしゃる麻生さんに他の方が通級に行くって言っているのだからいいじゃないかと反論してくださったり、通級に行っても我が子が傷つけられるのは困る……に対して、それではどうしろっていうのよ、これだけ頑張っているんだからいいじゃないの！　とまで言ってくださる方があって、本当に嬉しかったです。

残念ながらこれだけの意見も麻生さんを説得することはできないようでした。最後に、本当は私も皆さんの側の席に座りたかった、優秀な子どもの親になってそんな子もいるのね！と他人事として聞きたかったけれど、私の子どもはそうではないし、思いもよらない弱いところのある子だから、だれかにおまえなんか死んでしまえ！と言われたら本当に死ぬかもしれないが、誰をも恨むことが出来ないような子どもです。それでも私にはとてもかわいい子です。人も自分も傷つけない子にするために努力していくので、もうしばらく見守ってください、というようなことを話して長い懇談会は終わりました。

7月4日(金)　鈴木

少しずつ、友だちとのかかわり方を学んでいるように思います。子どもたちの中にも、一つ一つを迷惑と考えずにプラスに考えてくれる子がいて、私はスゴイ……と思いました。給食の時に牛乳を奥野くんの頭にのせてガサガサこするようにするので、私が「やめなさい」と言いました。奥野くん、ちょっと困った顔をしていたのですが、すぐに、「でも頭冷えて気持ちいいよ」と言いました。「え？　どれどれ」私も拓矢くんにやってもらったら、たしかに気持ちがいいのです。拓矢くんはただちょっかいでやったことは明白だったのですが、奥野くんのそういったとらえ方はすごいな、嬉しいなと思いました。拓矢くんもちょっとひょうしぬけした感じで笑っててれていました。

笠原さんのお母様が、「かみさまからのおくりもの」という絵本をさよ子ちゃんに持たせてくれました。一人一人の赤ちゃんにいろいろな良さをプレゼントしているんだよ……そんな話です。子どもたちに松下くんのいいところってどんなところ？　と聞くと、「力が強いよ」「時々おもしろいことを言うよ」「手伝ってくれるよ」五、六人がそんなことを言ってくれました。ジーン。

今日は一回バクハツしましたが、あとはあまった力を上手に使うことが（？）できました。3時間自習にしてしまいましたがよくできたと思います。

7月5日(土)　母

昨日の奥野くんの対応、とてもすごいですね。これもお母様のご指導かと感心しました。

昨日、洋輔が手足口病になりその熱のため日中と夜にケイレンをおこしてしまいました。正月にもおこしており、拓矢は事の重大さ（正月は救急車を呼んだりしていたので）を的確に受けとり、祖母を呼びに行ったり、病院に行く準備など敏速に行動する事ができました。夜中にも熱が下がらず、親も寝ぼうしてしまって7時30分にビックリして学校の仕度をうながしたのですが、ちょっと荒れてしまうかもしれません。

本人は、学校に行くとぼくはあばれたくないのに、爆発してしまうから行きたくないと泣くのですが、主人が説得して行かせますので、よろしくお願いします。

7月5日(土)　鈴木

ずい分大変だったようですね。拓矢くんどうかな……? と思っていたのですが、国語の漢字探しにもよく参加をしていてがんばりました。奥野くんと席をとなりにしてほしいと奥野くんと共に言いにきていて、どうしようか……と思ったのですが、くじを引いたところぐうぜんにも通路をへだててとなりどうしになったので、それでいってみることにしました。

中休みも奥野くんや大江くんに声をかけられて朝の家での様子とはちがっておだやかにすごしている……そんな感じがしました。今度はとなりの席の子は川上さんです。麻生さんとは少し離れました。(その方がいいのかナ? と思ったので)。

あばれたくないという気持ちがあるのですね。嬉しく思いました。急にあばれたりしなくなってきています。前もって言ってくれると子どもたちも対応できますし、拓矢くんもそういった点で成長している気がしました。

休み時間に、ゆきちゃんの目に手が入ってしまいました。わけをきくと、「先生の机のところでガタガタと遊んでいたので、机の足の部分がとれそうだったから、肩をさわって……止めさせようとしたら目に入ってしまった」と言っていました。麻生さんがゆきちゃんをつれて保健室に行ったので、もどってきたゆきちゃんにそういうことだから許してくれる？　と私の方で言い、松下くんは素直にあやまりました。

麻生さんにも、つきそってきていたので〝わざとじゃなくってあやりまりましたヨ〟ということを話しておきました（へんに誤解になってもいけないので……）。

7月7日(月)　鈴木

今日もいかりばくはつパワーを平和に活用することができました（机を運んだり、ふみきり板を運んだり……）。石原さんにほうきを持っているように言うので、どうしたのかな？　と思ったら、ベランダに出してあった石原さんのいすを教室に片づけてくれました。ゆきちゃんも「ありがとう」と言っていました。ちょっとトラブルで、奥野くんと谷川さんに手を出してしまいました。でも、きちんとあやまることができました。奥野くんには何度かあやまったらしいのですぐ（周りの子も「あやまっていたよ」と言っていました）「何度もあやまらないで、一回心をこめてあやまってほしい」と言っていました。で、拓矢くんに言ったのですが、はじめは、「ちゃんと心をこめたし、あやまらない」と言っていたのですが、一度ちゃんとあやまり、仲直りをすることができました。

7月8日(火)　母

昨日、井上先生から教材の件でお電話をいただいたとき、拓矢とのかかわり方をおききしました。その中で、幼稚園の時に「できたかなカード」というものがあったこと、今、拓矢にはその学校版が望まれている事を話してさっそく実行することにしました。

内容は、歯をみがく、顔を洗う、学校の仕度、着替え、食事をとる……と、ちょっとお勉強に何か一つだけお手伝いを加えました。

帰宅してから、さっそく一年生の教科書を読み学校の仕度をしました。はれものにさわるように宿題のこともふれずにすごしてしまった私の考え方がとてもまちがっていたと実感しました。

彼が皆の役に立つ必要なことをちゃんとできないのではなく、したかった、ということに気がつきました。今朝は10分くらいあまりました。

7月9日(水)　鈴木

学校につくなり、廊下でお道具箱をけりながら歩いていましたが、おこっているとかそういう感じではなく、昨日よりも晴ればれして見えました。

シャボン玉も楽しくやっていましたし、算数ではテストを表も裏も仕上げました。今日は20分カードを使っていません。こわれた机をゴミ置場まで運ぶのを手伝ってくれたのですが、「ぼくはばくはつしなくても大丈夫なんだよ」と教えてくれました。「そうだよね、まっつぁんはばくはつしなくてもいい子にできるもんね」と言ったら、「どうして知ってるの？」なんて言っていました。「通級の先生もほめているよ」ということも言いました。

今日は、いかりばくはつ！　を甲野くんとのダンスにつかっていました。甲野くんは笑いながらいっしょにおどってくれていました。

7月9日(水)　母

朝、げた箱の前までついていきました。靴をなげて困っていると、校長先生が上手に乗せて行かせてくださいました。帰りに通級に寄って井上先生とお話させていただきました。今、荒れてしまったりするのは彼が変わろうとしているからだと教えていただき、以前の様な接し方をしたらもっとひどくなると言われ、私もちょっとガンバローと思いました。学校に送り出すやり方も少し変えてみています。「いっしょに行こうとか、行くだけでいいよ」とか。

朝登校するとき、前に吉本くんや海老坂くんたちがいて、海老坂くんが「あッ、まっつぁんが来たぞ〜!」と言うのでドキッとしましたが、本人は普通でした。

帰宅して(とてもおだやかに)、「今日カード使わなかった」というのでノートを見たら、ダンスと書いてあったので、きいてみると、私にも教えてくれました。とても楽しそうに説明してくれて、テストのことも自慢していました。

7月10日(木)　鈴木

今日から10分カード二枚、15分カード二枚をわたし、「これを使ってみようね」と話しました。賞状とシールつきメダルを渡しました。昨日は、言いわすれていたのですが図工の時に描いた自分の絵をビリビリに破いてしまいました。「そんなことしないで」といっても「ウン、イーノ!!」というだけでした。

今日は、図工の船づくり、よくがんばっていました。エンジンも(?)つけて船が動くように工夫をすることができました。

4校時の国語では突然「昨日やらなかった国語のテストをやる」と言い、表一枚仕上げました。一問一問見てあげると、やり通すことができます。

鮎川くんとうわばきを持ってのたたかいになったのですが、鮎川くんが「よ〜し相手だ!!」といってなかなか互角にやっていたので、たまにはいいかと見すごしておきました。

7月11日(金)　母

昨日（先週もその前もかな？）、工作教室につくと行きたくない、といって車から降りたがらず、もたもたします。そこで「行くだけでいいよ！」と私。本当にこのうながし方すごくききますね!!

7月11日(金)　鈴木

今はとにかく一つ一つついてあげると何とかがんばっている感じです。一斉に指示をして、拓矢くんには個別に目で合図したり……といった感じでやっております。

今日は、前半、窓掃除のきりふきにこだわっていたのですが、後半はほうきや、ちりとりの仕事をがんばりました。ちりとりでごみをとばしていたのですが、こうすると上手にごみを集められるよ、と教えると、上手に行なうことができました。

7月15日(火)　母

昨日、プールの話を楽しそうにしていたのですか？　今朝になってまたグズッています。「ムリにしなくていいからね！」といっておきました。通級に比べるとハイレベルと思っているようです。
家で、ずいぶん落ち着いてきました。それと洋輔が下くちびるをかんでいたのですが、それが少なくなりました。夕べ、紙でクレープを作っていてねる時間がとてもおそくなってしまったので、少しだるそうにしています。学校で作った紙粘土の作品を水で溶かす……といって袋に水を入れてしまいました。こわれてしまったから父親に見せたくないといったので、好きなようにさせました。

7月16日（水）母

ついこの間始めていただいたノートも二冊目の最終ページになってしまったのですね！　先生のご協力とても感謝、感謝です。
「はんどinはんど」の市ケ尾小に拓矢のようなお子さんが載っていましたね。「奈実先生みたいだァ！」とうれしくなりました。

7月18日（金）母

この夏休み、図書館を利用して文章に親しんで欲しいと思っています。『ちょっとお勉強』の項目をノートに記録したりも良いカナ?!　とか、母も楽しみながらすごせたら……と計画しています。

この頃、洋輔が「ニ～ニ！」から「おにいちゃん!!」に変わり、絶大なる信頼を兄に持っていて、チーパパ拓矢は大得意で、お世話しています。

とっても大変な一学期間を、本当にありがとうございました。

7月19日(土)　鈴木

今日、カードを受け取りました。四枚書くとはよくがんばりました。ありがとうございました。

終業式、彼にしてはよく立って話を聞いていました（後半は座ってよいということになったので砂いじりにはげんでいましたが）。

近ごろ、甲野くんと石尾くんとの関係があまりうまくいっていないので気になっていたのですが、休みに入るので少し落ち着くといいなと思っています。甲野くんはかなりぶつかります。拓矢くんのちょっかいを毎回まともに受け止めてしまい、かなりおこるので拓矢くんがよけいちょっかいを出してしまう……そんなかんじです。毎回両方に言ってきかせているのですが……困ったものです。石尾くんとの方はちょっとばかにした言い方というのか……たとえば今日は磯谷くんの誕生日会の招待状をもらわなかった石尾くんに「お前はダサイ（？）んだ」みたいなことを言ったりしました。

あと、海老坂くんにキツイことをいわれたようで……テストを破ってしまいました。おきがさをふりまわすので、帰りまであずかりました。

すみません。最後に悪いことを書いてしまいましたがわたしも、いろいろこの一学期、勉強になりました。ありがとうございました。

8月31日(日) 母

夏休みに入ってすぐ書くこともあったのですが、日記のようになってしまうと読まれる先生がとっても大変なのでは……と思い最後に書くことにしました。

この夏休み、バクハツが三〜四回ありました。主人の実家で一回。この時義母も取りみだしてしまい、逆に拓矢のバクハツはさめてしまったようで、その後落ち着いてすごすことができました。誤解のないよう説明したつもりですが、拓矢をとてもダメなイメージの『特別な子』という感じの受け止め方をされてしまいました。あわれむような目で見られてちょっとアラッ？ という感じです。

ストレスの行き場を洋輔にむける時もあって、せっかく下唇をかまなくなったのに洋輔の『くせ』も逆もどりでした。あとは、洋輔のマグカップを使いたいということで大泣きをしました。その時、いすをたおしたりしましたが、他はそれほど荒れず、おさまりました。

少しずつ勉強させる目標は、絵本を読んだり、暗算をときどきさせたりで、じっくりむかってするというところまではいきませんでした。ただ、夏休みの宿題はおもちゃつきのお菓子につられて一日ですべて書き終えました。

お友だちとのかかわりは、磯谷くんが三回くらい遊びにきてくれました。家族でサイクリングをすることになり、土曜日に「地家ふるさと村」とあざみの祭に行き、彼にしてはとてもガンバリ、最後に父のからかいにバクハツがありましたが、それなりのガンバリでした。日曜日につかれが引き続いているようでしたが、そのわりに上デキの態度だったと思いました。

まわりの様子に彼なりの『おさえ』をきかせている気がしました。また親も逆もどりの対応をしてしまうこともあったりして……、あまり改善はできていないかもしれません。また明日からよろしくお願いします。

9月1日(月)　鈴木

昨日のディズニーランドが楽しかったようで、いろいろと話をしてくれました。朝会や防災訓練では、座って（丸まって？）砂いじりをひたすらしていましたが、友だちに迷惑をかけたりということはなかったので、大目に見ていました。

教室での休けい時間では、野村くんや、磯谷くん、甲野くんを追いまわしたり、たたかいごっこ（？）をしていましたが、久しぶりということで泣いたりけんかになったりすることはなく、パワーを発散していたみたいです（お互いに）。

また授業がはじまると、いろいろとありそうですが、気長に（？）取り組みたいと思います。

こちらこそよろしくお願いします。

9月3日（水）　母

昨日の朝は、段取り良く仕度ができてとても楽な気分で送り出せたので、今日も……と思ったら大まちがい！　朝から、おだてたりおこったり、とっても疲れてしまいました。

今日プールがネックで仕度がおくれたカナ?!　と思います。

9月4日（木）　鈴木

係決めの時に給食係が不人気だったのですが、「ぼくなんでもいいよ、やるよ」といって気持よく引き受けてくれました。

9月4日（木）　母

さっそく係のことを尋ねると「ウン、不人気だったからやることにしたの！」とサラッと答えました。とてもおだやかな顔で話してくれるので、いつもこんなだと良いのに……と思いました。

登校班では、班長さんと副班長さんが苦労しながら通っているようです。

来週からどうなるかわかりませんが、きびしい表情がなくなると良いと願っています。通級は、来週の火曜からで良いのですか？

9月5日（金）　鈴木

夏休みがあけて少し成長したのか、クラスがあまりざわつかなくなってきています（拓矢くんはあいかわらず動きまわっておりますが……）。

算数では、ノートに計算問題をやったのですが、拓矢くん、問題を写すということをがんばってやりました。やり終えた頃をみはからって、次はこれ、その次はと……少しずつさせていくとスムーズにできています。国語は漢字学習ノートがなくて、どうなるかと思いましたが、夏を五回ほど練習しました。

2日に漢字の復習テストをやったのですが、2年生の漢字は身についていないようで、ムズムズとしていました。なので紙をわたし、これに知っている漢字を書いたら5点ずつあげると言いました。すると22個漢字を書き、（一、二、三も含めて）「ぼくは110点だ〜！」と喜こんでいました。

友だちをたたいたりということは、めっきり少なくなりました。ただその分言葉で下品なことをいったり、友だちの傷つくことを言って学習しようとする雰囲気をくずしてしまうことがあり、それが今後の課題になりそうです。

たとえば、昨日、運動会のプログラムの絵を書いたのですが、ゆきちゃんが、「上手にかけない……」と不安がっているところへ「お前はへたくそだ！　へただ！」と言ったり……今日も彼女が漢字学習に時間をかけてやっていたところ、「お前だけずっと残ってやっていろ」などといって泣かせてしまいました。ゆきちゃんには、「先生がいいと思っているから、松下くんのことは気にしなくていいよ。時々松下くんは思っていることとぜんぜんちがうことを言うんだから」と言うと、「そうだよ。ぼくあまのじゃくだもん！」などと自分で言っていました。ゆきちゃんは、松下くんの一言で少し気をとり直したようです。あとは、歌をうたおう〜！とみんなで歌おうとすると、歌おうとせず、「つまんないからヤダ！」と言う、友だちがみんなの前で話をする時に、わざと大きな声を出す……など。手を出さなくなっているから……と思えばかわいいものなのですが、指導が必要だなと思っています。

9月8日(月)　鈴木

明日から通級がはじまります。よろしくお願いします。今日から給食がはじまったのですが、月曜日は松下くんの番でした。バケツに水をくんでぞうきんをしぼり、とても上手に準備と片づけをしてくれました。

運動会。今日のところは踊りをおぼえてがんばりました。

公園に行く予定だったのですが、雨で中止になったので誕生日会の計画を立てました。多数決で人数をかぞえるときに記録した数字を消してしまうので、クラスの話し合のさまたげになってしまいました。ですので一人つれ出して、誕生日カードを用意するのを手伝ってもらいました。

9月9日(火)　鈴木

朝、井上先生に、「今日から通級だけど、本人が〝行かない〟と言ったら、来させないでください」と言われました。ですので、クラスに行ってから本人に「今日、通級に行ってくる？行く日なんだけど……」ときくと、しばらく考えて、「来週行く」と言いました。

何となく今日はクラスにいたいような感じでしたので、クラスで一日をすごしました。

算数は、お父さんとされたプリントがもう一枚あまっていたのでさせたところ、夢中になって仕上げました。踊りも、今日は、楽しく参加をしていました。今日から音読カードくばりました。もし、気がのるようなことがあったらさせてみてください。

9月9日（火）　母

昨日、「明日通級だよねェ！」と言うと、「うん！」と特に気にしている風でもなかったので意外でした。

実のところ、通級で井上先生に本人の今を見ていただき、治る方向に向っているのかをお聞きしたい気もしていました。奈実先生から見た拓矢はいかがでしょうか。

今日は、吉本くんのお宅にうかがっています。楽しくすごして来てくれると良いのですが、帰宅するまで心配です。

今4時20分に帰ってきました。石尾くん、磯谷くんとともに吉本くんのお家に行ったらしいのですが、外遊びから家に入る時声をかけてもらえなかったのが理由だそうです。一人とりのこされることにとても弱いようです。仲間はずれ的なことにとってもとっても弱いということは、大人でも子どもでも世渡りする上で苦労するのではないかと思います。

今日のすくわれるところは、帰宅して荒れなかったことと初めに楽しかった？　の問いに

「ウン!」といい、その後から文句が出たことでした。誘ってもらううち、少しずつ付き合い方を身につけてくれると良いと思います。

9月10日(水)　鈴木

クラスが大人になってきた(?)というのか、あまりがちゃがちゃすることが少なくなっている中での拓矢くんは、時々どうしてもういてしまう、そんな場面が目立ちます。

みんなであいさつをする時、みんなで何かをする時、一人なかなか一緒にすることができず、机の上にのったり、友だちにしがみついてはなれなかったり……、さいしょは見守っている子どもたちも、何人かは、しびれをきらして「いいかげんにしろよ」と言ってしまう……。そんな感じです。

それでも、拓矢くんの手出しはへっているし、暴力的なところもかなりうすれているのですが、まわりの子どもたちも同時に成長している分、やはり目立ってしまう……そんな印象です。

上手に対応している子もいます。保田くんや奥野くんにしがみついている拓矢くんをみて、池田くんが、「まっつぁん、おんぶしてあげるからそれはやめな」と言うと、「ウン!!」といって、そのあと、しゅうちゃんにおんぶしてもらってうれしそうでした。

「給食がいらない!」というと、となりの席のれいちゃんがだまって給食をあずかってくれます。

一学期は、拓矢くんの行動にいちいちカッカしてしまう子も（私もそういうこともありました）いましたが、状況を楽しもうとする場面もホンの少しだけでてきたような……そんな感じです。

9月11日（木）　母

今度のダンスねェ、ダサッぽいけどおもしろい所があるんだよ！　と踊って見せてくれました。主人が帰宅後さっそくポンポンを手にちょっとだけ踊ってくれました。テレてはいたけれど、とても気に入っているみたいです。

明日の通級の話を私にしてくれましたが、ちょっと不安げでした。が、ひとりごとで「3、4時間目なんだって。でも1時間目から行っちゃおうかな……！」とブツブツ言っていました。先生の試作品は、いろいろな物に変身します。私に「おかあ、この下に立って……カツラ～！」とか……。

9月12日（金）　鈴木

今日は算数のテスト、のりにのって終わらせました。一つできそうだとはずみがついてどんどんいけてしまうようです。暗算がとてもよくできていて、筆算に直さなくてもパッと答えてしまうほどでした。ソニア先生が2時間目に来られたのですが、かさをひらいたりロッカーの上にのったりして、なかなか一緒にすることができず、最後の方は教室のすみで本を読む、そんな感じでした。

ソニア先生は、アメリカの学校のことについていろいろ教えてくれて、拓矢くんは時々興味のあることが耳に入ってくると、参加をしていました。中休みがおわったあと、私の方で通級棟まで送りました。行くときになると、折りたたみがさをもって、「5時間目までいてもいい?」なんて聞いてきました。

9月17日(水)　鈴木

通級の連絡帳にもかいたのですが、今日も落ち着きません。体育の運動会練習では、みんなの中に入ってすることができました。しかし、3時間目に入ってからは、〝思いきって〟ではないのですが、日直の子をたたいたり、ドアにのぼったり、奥野くんにしがみついてはなれなかったり(授業中)、言ってもわからない、そんな状態でした。このままでは誰かけがをさせてしまうのでは……そのまえに本人がけがをして痛い思いをしてしまうのでは……そんな心配さえしてしまいます。本人ともう一度学校ですごすことを話しあわないといけないと思いました。

掃除の時は私とぞうきんがけレースをしました。

9月17日(水) 母

朝の機嫌の良し悪しは学校での行動に影響があるかな……?! と思い、なるべくおだやかに……と思えば思うほど、手におえなくなってしまいます。

ただ一つ私にとって救いなのは、帰宅時の態度が以前よりとても落ち着いていることです。以前は、いつも気に入らないことがあったような様子で帰宅し、まず、カバンとドアに八つ当り、次に弟にちょっかい……というパターンでした。

けれど、この頃(二学期になってから)は、普通にドアをあけ「ただいま!」と入ってくるようになりました。洋輔が寝ていたりする時のリアクションも良くなってきました。その分学校での様子があまりカンバシクないようでとても心配です。

9月26日(金) 母

今日は本当にお世話様でした。運動会は全校の人が見ているから……と、車で来てはいけない! とか洋輔を席につれていってはいけない!! とか自ら話してくれ、後に私たちの席を見つけても、ロープから入ることもなく午前中を彼なりに立派にすごすことができました。プログラムを見て午後までもつかな……と心配していたのですが、前の晩、いつになく夜中に洋輔が泣いて2時頃から2時間近く寝ることができなかったので、満腹となった午後の部では眠気が頂点に達してしまいました。席に来て「寝る……」と言ったのをとがめず寝かせていたのですが、ダンスの時に復活することは出来ませんでした。

本人が一番クヤしかったのが伝わってきましたし、『やらない！』と決めたようだったので、無理におこってまでさせることをしませんでした。

ふっと横を見ると、麻生さん親子が立っていました。それでも、私たちから見ると80点でした。そうにあやしていました。拓矢が私たちの所に来ると、お嬢ちゃんも赤ちゃんの所に来て嬉をうながしていました。きっと拓矢と同じと思いたくないのだろう……とヒニクにとってみました。私って人間ちいさいですね！　ハハハ！　ちなみにあちらの拓矢の評価は20点くらいかな……なんて笑って話してみました。

ずっと楽しみにしていたダンスにくじけて本当にかわいそうでした。先生はまたバッシングを受けてしまうのでは……と心配です。中には「あれは5組か……5組に行け！」なんて声もあるかな……と考えています。

9月30日（火）　鈴木

午前中のがんばりが、午後に出てしまったのかもしれませんね。私たち担任も、「ダンスは午後かぁ……」なんて言っていたのですが、他の学年との関わりもあったので、変更はできませんでした。ただ、もう閉会式もだめだろうと思っていたのに、最後の最後には何とか出てきたので嬉しく思いました。ノートもしっかりもらっていすも片づけて帰りました。

ただ、全校に出てしまった以上、何も知らない、分からない人の中には、そのような言いかたをする人がいるかもしれません。でも、懇談会でも感じたのですが、分ってくれる方も思うより多いものだと思います。あのステージの中で、彼はくやしい思いをしながらでも、あのように振るまうことしかできなかったのかな。彼の中で他に方法が見つからなかったのかもしれないな……。ぼんやりとそんな風に思いました。

10月2日（木）　母

工作教室にむかえに行ったら、とてもおもしろい物を作っていたのですが、帰る頃にそれをビリビリに破いてしまいました。先生は作る過程が楽しければそれで良い……とおっしゃいますが、他のお母さまの目はいつもきびしいです。

10月の予定表を見ると、通級が二回つぶれていて、ちょっと残念でした。

通級の他のお母さまのお話をうかがいながら授業をテレビでみていました。ＬＤと呼ばれるものが広い意味だと、拓矢もその一つらしいのですが、10の概念がわからないとか、オセロではななめが理解できないとか、とても意外というかビックリする話がありました。

でもやはりオ～！　と思ったのは、この学校で先生に出会えたことだと思いました。先生によってはちょっと変とか、ちょっと変わっているとかで異常を気づかない場合があるときがきました。そして、他の皆さんは大変な経緯をへて通級にきているのですね、私たち親子は本当にめぐまれていました。

10月4日（土）　鈴木

クラスだより、勝手に拓矢くんのことを持ちだしてしまいました。すみません……。運動会の絵を載せるときに文も……と書きはじめたのですが、やはり、あそこまで目立ってしまった以上、触れないわけにはいかないだろうなぁと思い、うんうんと頭を悩ませ、書きました。

もしかすると厳しい評価もあるかもしれません。でも、わかってくださる方もいるだろう……そう思いました。

今日、遠足の班を決めました。家が近所の寺田くんと一緒になるはずだったのがちがってしまったということで、本人ちょっと（かなり？）不満気になってしまいました。一緒に上手に行動ができるか……心配です。クラスの枠をとりはらっての班決めですので……。柳父さん、寺田くんと一緒の班で、しおりの中身は柳父さんが書いてくれました。
月から水までは、グループで帰るということにしました。

10月8日(水)　鈴木

連絡帳に書いたのですが、どうも保田くん、奥野くん、甲野くんへの手出しをやめることができないでいます。その都度やさしくいったりきびしく言ったり、相手の子にも指導をしたりするのですが、むずかしいです。カードをつくって意識化させようか……と考えています(前より暴力的ではないです。ただ本当に前ぶれもなくとびかかっていくので……しかも他の子なら受け止める力があったりするのに、そういうことに寛容でない子に対してとびかかるものですから余計にややこしくなるのです)。

10月12日(日)　母

金曜日の懇談会、やっぱり出席して良かったです。スミマセン！　皆さんに学習障碍とか通級の様子とかお話してはいけなかったでしょうか?!　一応先生にお聞きしてからにすればよかったと思いました。

甲野くんのお母さまが良くわからず、失礼したままです。

懇談会

拓矢がクラスの皆に受け入れてもらうためには、私が父母の前で拓矢の現状についてありのままに話すのが良いと思い、「拓矢は学習障碍という病気で拓矢のように多動や注意が欠如している部分に病気が出る場合もあれば、学習面で理解しにくいなどの病気が出る人もいるそうです。拓矢は通級指導教室で、グループ指導を受けています。通級の先生に拓矢との接し方や、トラブルになった場合の対応の仕方も教わってきて、少しずつ効果が出始めています。しかし私も学習障碍という病気についてほとんど知識がないため、毎日が勉強です」と説明しました。

皆に我が子を理解してもらおうと必死で皆が自分の子どもたちの生活の様子を話しているのに、自分の番になったら思わずこんなふうに話してしまいました。このことは奈実先生にとって衝撃的だったようです。

10月13日(月)　鈴木

懇談会での松下さんのお話に、正直おどろきました。そこまでお話ができる松下さんを私はすばらしいと思いました。

拓矢くんに言っていただけたのでしょうか。今日は三人への手出しがありませんでした。こんどは東野くんをほうきでたたいたので注意しました。

10月14日(火)　母

校外学習に、朝家を出るまで行かないと言ってぐずぐずしていましたが、父と荷物をそろえるうち段々と楽しそうな顔になり、吉本くんの家につくと（主人が気にしていっしょに行ったのですが）、「お父さん先に行っていいよ！」と父の心配をよそに、父を相手にもせず歩いて行ったようでした。帰宅後拓矢がサイクリングを提案すると、海老坂くんは「いいネェ！」と言ったのですが、磯谷くんは「コリゴリ!!」といって中止になりました。

4時半頃になり、パソコンをしようと家に入ったのですが、拓矢のセットに時間がかかったのか、海老坂くんと磯谷くんが「吉本の家に行こう」とサッと帰ってしまいました。寺田兄弟が残っていたのでパニックにならずにすんだのですが、ものすごい切り替えだなァとビックリしました。

いつか吉本くんのお母さんが、自分のおもちゃのみかたずける……と懇談会で話していらっしゃいましたが、確かに嵐のようだと思いました。ブチッ！　と切れた母はあれこれ言ってしまいました。うるさいと思われたかもしれません。

10月15日(水)　鈴木

おこってくださってよかったと思います。何ぶん子どものことですので……そういうことは時としてあると思います。私だったら、やはり、どういうことがいけなかったのかを言って、どうするべきなのかを考えさせると思います。クラスなどは、そんなことも含め、もめごとはよくあることですので……そうやってみんなで育てていけばいいのだと思います。

どうも、他の子どもへのちょっかいがつづきます。席に座らせることが今日の課題のようです。

遠足はグループの中に入ってしっかり行動できていました。

奥野くんの顔にぞうきんをふりまわしてあててしまいました。奥野くんがぞうきんがけをする時にあてたようです。目に少し入ったようで、目を洗わせて帰りました（保健の先生出張のため……）。奥野くんと拓矢くん二人で話しあって、「もうしないで」「わかった」ということになりましたが、お母さまからも奥野さんに一言言っていただけたらと思います。本人にあやまらせてもいいかもしれません。顔のことですので……よろしくおねがいします。

10月17日（金）　母

昨日、学校にもっていって使わなかった木目柄のトレイを工作教室にもっていき、サンダルを作りました。今日学校にもっていくと言って順調に身仕度をこなしました。見てやってください。ちなみに「このトレイそんじょそこいらのトレイとはちょっとちがう。松坂牛が入っていた物だ！」と私が工作の先生に言って、大ウケでした。夕べ洋輔が熱性ケイレンをおこしました。何度か経験しているのですが、朝拓矢にイライラをぶつけてしまいました。

10月17日（金）　鈴木

今日もはだしで動きまわっていたのですが、けがをしていた足指先を海老坂くんにふまれたか、けられたかされてしまったようで、チェーンをふりまわし大泣きしました。「目に入れてやるー！」「同じことをするんだー！」と言っていましたが、とにかくなだめて、海老坂くんにはあやまらせました。拓矢くんには、「そのままだと、まわりはみんな上ばきなんだからあぶないよ、ばんそうこうする？　ほうたいする？」ときいたのですが、それはいやだというので、「うわばきをはいたら？」と言って、ようやく今日はめずらしく上ばきをはいてすごしました。

ドッジボールのグループでの話しあいをしたところ、「ぼくはあたりそうになったら、頭であたって顔面セーフになる」とはりきっていました。

10月22日(水)　母

吉本くん宅に遊びに行き、4時近くに海老坂くん、吉本くん、大江くんとうちにきて外で遊んでいて(一人で帰ったのではなくて良かった!　と思っていたら)、海老坂くんが野球をしようと言い出し、ここは車があるからダメ!　ということでなぜか保田くんの家の方……と話が出て、吉本くんは、お母さんにしかられる……拓矢はイヤ……で、吉本くんは説得されてそれに参加、大江くんが走りだから「まっつぁん、大江に自転車貸してやれ!　おまえは洋輔の補助輪付にのれ!」と指示が出され、拓矢は不参加のまま自転車を貸すことになったらしいのです。泣きながら帰ってきた拓矢をみておばあちゃんに「そんなにイヤなら返してもらってきなさい」といわれそこへ向ったのですが、いなかったらしくアチラコチラに八つ当たりで大さわぎでした。

私がその場にいなかったのですが、子ども同士のやりとりにどうしたらよいか……とてもむずかしいと思いました。

明日学校で海老坂くんにぶつかるかもしれません。

10月23日(木)　鈴木

朝、海老坂くんと吉本くん、大江くんをよんで話をききました。互いに「自分の〝命令〟をきいてくれない、ぼくは言うとおりにしてあげているのに」といった感じでしたので、ひととおり聞いたあと、クラスに問題を投げかけました。「いくら〝いい〟といっても、松下くんの自転車をもっていくのはよくないのではないか、一人のこされた松下くんはどうなるのか？」「自転車が足りないのなら、自転車をつかわない方法を考えればいいのではないか」という意見がだされました。

海老坂くんも、ちょっと強引になったのは、松下くんが自転車をかすのがイヤで、「これはどうか？　大江くんは三輪車に乗れ」とかそのように言ったようで、それに対してカチンときたようなのです（最終的には、自転車を貸すことをみとめたようですが……）。女の子の中からは、こんな話が出ました。

「私が自転車で遊ぼうと誘われて、お母さんに話したらだめっていわれちゃって、何ものらずに公園に行ったの、そしたら、みんな自転車できていて、でも、私が自転車がないことをしったら、じゃあ、みんなで自転車なしで遊ぼうって言ってくれて……自転車をおいて遊んだの」

そういう遊び方をしてあげようよ、という話をしました。はじめのころ、互いに命令、命令と言いあっていたその命令という言葉も、友だちに使う言葉ではないということを言いました。ちょっと互いにがまんをしていたことがたまってしまい、いつしか、人のことを気にかける余裕がなくなってしまったのかな……。そんな気がしました。

拓矢くんはとりあえず、納得をしてくれたようです。

10月24日(金)　母

我が子中心の見方で書いてスミマセンでした。

皆の話し合いにしてくださるとは思っていずビックリしました。ありがとうございました。

ただ、基本的に持ち主のいない所で他人のおもちゃ等を使うことを私が好まないので（事故があったりした時のことを考え）、ノートに書きました。大江くんのお家の方は、あぶないから乗せないと思うので、陰で乗せて道路を走る等は家の方にも申しわけないことになると思い……。これからもいろいろあると思うのですが、注意しながら見守って行きたいと思います。

10月24日(金)　鈴木

今日の漢字テストは、私の方でそばについてお日さまの「日」とか「土」の下に「口」とか言いながら書かせました。そうやって書けたものについては、シールをあげていこうと思っています。

屋上での給食を楽しんでいたようでよかったです。『ポケモンおに』といっても私が「ポケモンのことが全然わからない」と言ったら、「じゃあ、お父さんがつくってくれた紙を見ていいよ」と見せてくれました。それのおかげで私も何とか参加をすることができました。

それにしても、ずいぶんクラスの子とも遊びはじめているようで、私は嬉しく思っています。まだまだ遊びはじめの段階でうまく相手の気持ちが分らず、衝突することもあると思います。でもそういうことをくり返して拓矢くんもいい勉強をしていると思うので……。また、手に負えないことがあれば知らせてください、遊ぶメンバーが個性的なのでたしかにこじれるとややこしい気がします。

10月27日(月) 母

帰宅後、遊びの中に5と2をかけると10になるでしょ……と使っていてビックリしました。九九は今のところ好きみたいです。

この頃洋輔が悪い子で「ニ〜ニ、悪い子、ペン!」とぶったりパンチしたりしてしまいます。

拓矢は、口で言い返しますが、手はあまりあげません。少し大人になった気がします。

10月28日(火)　鈴木

個人面談の手紙よろしくおねがいします。明日、今まで書いた記録ノートを見たいのですが、持たせていただけないでしょうか。

通級の先生が年一回研修をひらくのですが、そこで通っている児童について（井上先生）クラスの様子を話してほしいとのことでしたので……よろしくお願いします。

10月28日(火)　母

今日は、磯谷くん、吉本くん、樺山くんが遊びに来てくれました。火水は遊べる日とあって、楽しみにしているようです。この所今日のメンバーで良く来てくれて、一対一でなく遊べるようになったのがとてもうれしいのですが、今日は吉本くんに（拓矢が）意地悪のまとを決めてしまったらしく、大声でどならなくてはならない状態でした。途中で他の三人がかくれてしまったようで、「このパターンはまずいぞ……」とひそかに心配していましたが、いろいろ探しに行ってクリアできました。『大きな進歩』だと思います。

スクーターと、ローラーブレードが我家にあって、それらを貸すのに意地悪をしたりしてムッとくるのですが、およそに行って早く帰宅するのを心配するよりは良いカナ?! と思っています。

10月29日(水) 鈴木

ノートをありがとうございました。

松下くんのこと、井上先生から、また少し話をうかがうことができました。先生は「ここまで手伝えるけど、このあとはどうする? 自分でできる?」と聞きながらやっていること、様子をみながら指導していくこと、など聞くことができ、明日から、またやっていこう〜! と思いました。

「作文ファイル」と「計算プリントファイル」を持たせてください。おねがいします。

10月31日(金) 鈴木

きのうのソニア先生のときは途中までは参加していたのですが、むずかしいな、できないなと思うと、立ち歩きはじめるので、教室からは出ないで、だめだったら後ろの本だなのところで座っていいから……と言いました。しばらくは、そこですごしていたのですが、ソニア先生がビンゴをはじめると、私の補助で少しずつ参加をしはじめ、できる! と思うと、すーっと席へもどってゲームに参加をしはじめました。

できないな、だめだなと思うと寝そべったり歩きはじめる……。それを、どう手をのばしてきっかけをつかませるかが課題だなと、できれば、できるだけ最小限の方法がないものか、そんな風に思いました。

甲野くんがずいぶん松下くんと上手につきあえるようになってきました。前は、毎度まともに受けてかなりおこってよけいに拓矢くんをあおっていたのですが、そういったことがずいぶんへり、多少のじゃれあいには、おこらずに相手をしている様子がよく見られるようになりました。

このあとですね。今は、この三組の子どもたちが、拓矢くんのことをわかってつきあい方も上手になっていますが、これがまた三年になると、どうなっていくのか……クラス替えもあるわけですし……。良い方向にむかえば嬉しいかぎりなのですが、どうなのかなァ……？　と見ていると感じます。

11月6日(木)　鈴木

漢字を書いてきたのを見せて、「これなら、先生に教わらなくても書けるよ！」と言い、1時間目から「こくご〜こくご〜」とずうっと言いつづけていました(4校時が国語でした)。

図工の時も「こくご〜こくご〜」と言うので、「まっつぁんのすきな図工なのに国語がいいの?」ときくと、「ウン!」と答えていました。しかし、4時間目はテスト用紙と、メモした漢字を用意したのはよかったのですが、平がなと漢字が一致せず、「ねえ〜トモってどれ〜?」「わけるってどれかけばいいの〜?」という状態でした。他の子の中には、「見ていいの? まっつぁん」「カンニング?」みたいな声もあったりして、「うぅ〜ん……これはマズイ」という感じでした。あとは、ずいぶんおだやかにすごしていました。

11月8日(土) 母

昨日は、帰宅してからもおだやかで、工作教室でもどこにいるかわからないくらい一しょうけんめいにやっていました。寝る前に「宿題あったっけ……?」というので、前日持ってきた算数を見せると「お母さん書いて!」とはいったけれど、ちゃんと考え答えました。自らやろうとする時はスムーズのようです。

洋輔のお世話も上手にやります。今朝はそのおだやかさが続いて、身仕度がとてもスムーズでした。でも学校でそれがブチッ! と切れてしまったらスミマセン。

作品展、昨日おそくなってしまったので、今日見に行こうと思っています。拓矢も来るのを楽しみにしていますが、出展する物作れたのかな……? と思う母です。

11月8日(土)　鈴木

今日も比較的おだやかでした。かけ算はきっかけがつかめずウロウロしていたのですが、3の段をひととおり一緒に考えるとあとは自分で答えを書いていました。2の段もほぼ暗唱していました。日直で、まどわすようなことを言ったりして、坂部さんはちょっと困っていましたが、以前の状態を考えると、カワイイものでした。

それから、近ごろは、「メガネザル（?）」だのメガネをかけていることに対して、悪い言い方をするというのがあるようです。私は、直接それをきいたことがなかったので知らなかったのですが……吉本さんは、「くやしかったらメガネかけてみろと言えばいいのよ！」とたけしくんに言っているようです。確かに頻度はへってはきているものの、吉本くんにかぎらず保田くんや甲野くんに悪い言葉（?）(相手をきずつける言葉?）を言うというのはたえません。

少し気になることでしたので、書かせていただきました。

11月11日(火)　母

近所にメガネをかけた他の学校に通っている男の子がいて、同じ学校の子や他の子が「メガネザル!!」と呼んでいたのが始まりのようでした。皆の前でその呼び方はやめよう！　と話をしたのですが……。デブとかへんだなど、学校の友人が言っているときは注意しました。身体があきらかに不自由とか、特徴があるときには人は、むしろいたわってくれるのに、拓矢のように変った行動をする子には寛大な目を向けてもらえないのが、とてもなさけない気がします。

金曜日、拓矢と自転車で、作品展を見に行きました。拓矢から行こう！　と言い出しただけあって、コレコレ…・・と手を引いて作品のそばに行き、熱心に説明してくれました。

通級の前に、教室で朝の会をしてから……と話をしたら、プレイルームで「遊びたいんだよォ！」と言うので「奈実先生と話しあって決めてね！」と言っておきましたので、よろしくお願いします。

11月11日（火）　鈴木

教室に来てすぐ「通級へ行く！」と飛び出していくので、「待って、朝の会が終ってから！」と言うのにききません。昇降口で校長先生もまじえ、話をしたのですが、「遊ぶんだ！」の一言。校長先生が古荘先生をよんできて話をし、ようやく納得しました。「朝の会をはやく終らせてください」と拓矢くんがお願いをし、教室へもどりました。〝通級の約束で9時からなんだよ〟ということを古荘先生は話されていました。

体育の時間は拓矢くん、通級棟から声をかけてくれたそうですね。

給食であつめた牛乳パックでなにやら熱心に作っていました。

11月11日(火)　母

古荘先生に朝のことをききました。オサワガセシマシタ！　拓矢に今朝、「給食費払っちゃった？」といわれ、「ちゃんと払ったよ！」と答えると「通級でお弁当が食べたいんだァ……」ということで、井上先生にうかがったところ「鈴木先生がOKならば、たまにはOKです（給食費はもどりませんが……）」とのことなのですが、いかがでしょうか。通って来ていらっしゃる方が、食べていかれるのがうらやましいのです。

11月12日(水)　鈴木

今日の体育の時間、井上先生の上手な誘いにのって、彼にしては最高の出来でした（私は正直あんなにがんばるとは思わなくて、ジーンとくることしきりでした）。今日がんばったごほうびもかねて、来週にでもそのようなお弁当体験をしてきてはいかがでしょうか！　と思っています。

11月16日(日)　母

先週水曜日に私の仕事（ミシンを使って布のバッグを作る仕事をしていて）、とても調子が良くガンバッタのに思いちがいで、やり直しになってしまい、それがものすごくくやしかったのでつい顔に出してしまったら、「お母さん！　失敗は成功のもとだよ!!」と言ってくれました。それでもなかなか立ち直れない私にガンバッタレベルとガンバラナカッタレベル。はかりにかけるとピーン　ガンバッタ方が上だよ！　と言ってくれました。とても嬉しかったです。

木曜日、工作教室でとてもハリキッテ作った紙の虫を、気の合った（3年生で拓矢に似たタイプの男の子）彼とコースを作って楽しく走らせたのが、皆の走らすコースに行ったらまったく走らず、おこって破いてしまいました。後できくと皆でむずかしくしすぎて誰も走らなかったそうです。それをきくと、少し立ち直っていましたが、いつも破いてしまったりするので、どうにかならないかな……と思ってしまいます。でも、最後まで後かたずけを手伝い、先生に箱をもらって横をくりぬきかぶって帰りました。車を止めているマーケットにもそのまま行って女店員さんたちに笑われてしまいました。「どうして笑っているんだろう……」と不思議そうで君の方が不思議だ！　と私は思いましたが……。

主人の両親が、拓矢を医師に見せたか？　なぜ見せないのか⁇　と今日言われてきたらしいのです（法事で主人だけ行ったところ）。「何も知らないで勝手なことを言うな！」と思うのですが、火曜日に井上先生におききしようと思います。頭にシュヨウとかがあってあばれるのではないか……などと思っているらしいのです。この言い方が私はとても気に入りません。

この頃、洋輔の面倒をとても良く見てくれます。今日クリスマスツリーを出しました。昨年「拓矢が見上げられるツリーを……」と新調したので、洋輔用と二個かざります。大きなツリーと小さなツリーを並べて、喜んでいました。

11月17日(月)　鈴木

近ごろ、田中先生や校長先生から「松下くんあまり目立たなくなってきて、落ち着いてきたんじゃない?」と言われました。朝会の時となりの列なのでよく見てくれる4年の小助川先生も、「前は注意してもまわりへのちょっかいがなかなかやめられなかったのに、このごろあまりそういうことがないわよね」と言ってくれました。私の欲目(?)だけでなく、周りの方もそう思ってくれてるんだと思い、嬉しくなりました。

算数が6段になり、ついていけないと感じているのか参加をしぶります。つれもどしてきっかけを作ってもやる気がおきず、1段ならやると言うので、それをさせるようにしました。しかし、またウロウロしはじめるので、とうとう「いいかげんにしなさい!!」と一喝したところ、「ハイ!」と言ってあっという間に終らせました。ダラダラから立ちなおるきっかけがほしかったのかな……とちょっと感じました。

11月17日(月)　母

石尾さんにさそっていただいて、懇親会に行ってきました。八人の方が集まられたのですが、皆さんが何となく気を使ってくださるのが感じられました。また、まだまだあまえたい七歳は我が子だけではないことも知り、安心しました。

かけ算は気になっているらしく、急に□×□＝？と出題します。

11月19日(水)　鈴木

学習へのとりかかりがはっきりしています。……というか、私の方でずい分見えてきました。どういう時にうろうろするか、を見て、こちらから声をかけています。以前は、とりかかるのがかなりむずかしかったのですが、今日などは国語も私が書いてあげることで、すんなりと終らせることができました。

11月20日(木)　鈴木

最近ランドセルをスムーズにしまえるようになってきました。前は言っても他のことばかり気になって、やっとはじめたと思ったらランドセルをけったりひきずったり、投げたりしていたのです。それが「はい、しまっておいで」と手わたすとすーっとロッカーにしまってくることができています。

図工の時は、チョークでひたすら作品をつくっていて、それがおわると、「♪た〜くや、た〜くや、あの子もた〜く〜や〜」と上機嫌にうたい、まわりを笑わせていました。

11月21日(金)　鈴木

生活の時間は、校外学習の時の班になるので、うまくやっていけるのか心配しておりました。活動は一組で行なっているのですが、田中先生の話だと、班の話しあいでも、自分はこんなお面を作る!!　といろいろなアイデアを紙に書きとめて、ずっと班からはなれず座って活動ができていたとのことでした。

今日も、クラスのわくをはずしてバラバラに活動していて私も何回か一組に行き、拓矢くんの様子をみたりしたのですが、楽しそうになかなか工夫のあるお面を作っていました。

九九がんばりカードを配布しました。少しずつおぼえていくよう指導したいと思います。1の段は自分で「やる！」と言って、言いました。

12月1日(月)　鈴木

朝会は、拓矢くん大変動きがはげしかったです。列の前の方まで走っていくわ、他の子にちょっかいを出すわ……で、前はガバッと力ずくでの押さえができたのですが、パワーが全開で私もふりまわされ、一緒にころんでしまいました。

「きのうは、お父さんと時間があわなくてあまり遊べなかったの。ぼくが遊べる時はお父さんいそがしくて、お父さんヒマなときは、ぼくがいそがしいの」と言うので、「え？　いそがしいってまっつぁん何してたの？」ときくと「ん？　テレビ見てたの」と言うので「あ、そう」と返しました……。

オリエンテーリングの生活カードがよく書けていたので学校だよりにのっています。読んでください。

12月2日(火)　母

給食の用意が出来ている中、机の上に座る拓矢を見てブチッ！　と血管が切れる音が聞こえる思いでした。落ち着いてきていると思っていたのに、他のお友だちはこんな中でガマンしてくれているのかと申しわけなくなりました。

通級の調理実習はとてもガンバって良かったのですが、12時前に終わって4校時が終わるのをいっしょに待ったのが、気のゆるみにつながってしまったようです。

通級のお勉強会（先輩お母さんのお話会）で「担任の先生の理解が得られなくて……」という声がいくつかあって、「私たちは恵まれている……」と感謝していたのですが、先生のご苦労が並たいていのものではないとあらためて実感しました。

父と九九の3の段、何とか言えるようになりました。きいてやってください。

12月3日(水)　鈴木

3の段を上手に言えてびっくりしました。すごいですね。

今日、わにの創作話をもち帰ります。宿題で家の人から感想をもらうことになっていますのでよろしくお願いします。

12月4日(木)　鈴木

忘れてました。きのう体育館で2分間マラソンをしました。一周するとシールがもらえるのもあってよくがんばって走っていました。

生活ノートを書写の時間にしていました。書写をしない分自分で書いてくるように言うと、とても久しぶりにうらまで使って昨日遊んだ話を書くことができました。

2の段、3の段、5の段で新記録を出しました。

背の順で、うしろから2番目になりました。大きくなりましたね。

12月6日(土)　鈴木

今日も指示待ちのときには冬眠状態に入ってしまいました。
これはできそう！　というときには、「冬眠やめ！」と言って出てくるのですが……。

12月9日(火)　鈴木

掃除の時に、いかりばくはつ寸前になりました。そうとうコウフンしているので「落ち着いてどうしたのか言ってごらん」と言うと、そうじの間に拾われた拓矢くんのうわばきに、何人かが「くさいうわばき見つけた！」などと言ったり、かんちょう(??)をする子もいたようで、その場で、やった子をあつめて、「調子にのりすぎだ！　あやまりなさい」とあやまらせました。すると、落ち着いたようで気分がよくなりました。自分ですっと気持ちをひくことができたので、ほっとして嬉しく思いました。帰る頃には笑っていました。

12月11日(木)　母

通級のグループ面談に行ってきました。ちょっとした事で本人がおこって大騒ぎになり、親があやまった……という経験を他のお母さまもしてらして、あ……ぁ……と同じ思いの仲間でフムフムとうなずきあいました。

12月15日(月)　鈴木

今日はかなりハチャメチャしていました。朝会はまあまあでした。ランドセルも片づけていました。しかし、コートを床にひろげ、その上にくつ下になった足をおく、または机の上に足をデーンとのせるので注意をしました。

体育はなわを忘れてしまい意欲半減でした。私も連絡帳に書かなかったのですが……。

生活ははがきの書き方を学習しましたが、なかなか書こうとせず、私が下書きをして、上からなぞることで、書くことができました。

12月16日(火)　母

昨日、父があまりにも私の努力していることと反対の対応をするので、久しぶりにこのノートを読ませました。少しは変わってくれると良いと思うのですが、自分の体調が悪かったりすると自我が出てしまいます。誰でもそうなのですが、対する子どもによると思うのです。私や先生の努力を少しは考えるべきだ！　とカッカしてしまいました。それでも子どもは、父の良いところも悪いところも両方好きなのですからありがたいものです。

寝る時、『インタビューごっこ』というものをしました。拓矢は私に、「どうしてお父さんと結婚したんですか？　初めて会った時はどういう風に思いましたか？　どんなとこが好きですか？　子どもが生まれた時どうでしたか……」などなど笑ってしまう質問をしました。拓矢には、「どんな時が楽しいですか？」「お父さんとレゴをしている時です」など。「意地悪をしたこと、されたことがありますか？」「あります、5組の前で3年生に戦いをしかけてやられました」

通級のノート、井上先生のお話がのっていたのでもたせます。

12月16日（火）　鈴木

通級のノートありがとうございました。私も勉強になります。今日も荒れてはいたのですが、算数の問題の解き方を二通り考えたり、国語では、反対ことばカルタを作りグループでよろこんでやっていました。

漢字の勉強をすることは可能でしょうか？　毎回書き方を一部ずつ教えているのですが……明日は売る・門・古い・内がわ・人形を出すので、一つでいいので覚えられれば、また達成感も大きくなるように思います。

12月17日(水)　鈴木

ストレスがたまっているようで（本人は、お父さんと何かあったようなことを言ってましたが……??）、かばんをけったり、教科書をぶちまけたりとずいぶん荒れた感じだったので久しぶりにどうしたんだ……という思いでした。

甲野くんをからかって仕方がないので、一度席を志摩くんと交代したのですが、そうすると、昨日はちょっとだけ平和な状態も見せていました。でも、甲野くんは、日直をやりたいこともあって元にもどると言い、一日だけで元の席にもどりました。するとまた、「コーノコーノコーノワルイコ!!」などと挑発的なことを言う始末……。みんなからも、私からも、「気にするな！　相手にしてほしいだけだから！」と言われて何とか彼はがまんをしている状態でした。

掃除の時は、壁についた両面テープのあとを、きれいにはがしてくれました（けっこうたくさんありました〜）。

漢字テスト、練習してきてくれたおかげでよくできていました。ありがとうございました。

12月22日(月)　鈴木

今日は、1、2校時、紙すきに挑戦しました。朝から道具を運んだりよく手伝いをしてくれました。掃除も、私から直接指示をうけると非常によくやってくれました。はやく美しくやってくれるのがすごいです。掃除の天才ですね。

休み時間にいかりがたまって（?）、石原さんの頭に箱をぶつけたので注意をしました。

12月23日（火）　母

昨日、バクハツした、と自分で話していました。スミマセン！

通級のクリスマス会楽しめたようなのですが、考えていたものとはちがっていたようでした。プレイルームでグループが作られ、そのグループごとでゲームに参加したのですが、時々、様子を見に行くと、彼だけゴロゴロしていて、「この中でも目立つな……」とちょっと悲しくなりました。でも本人が楽しめたし、普通級の保護者とは見方がちがうからな……と安心したりもしました。

12月24日（水）　鈴木

今日の終業式は落ち着いてできていました。

もどってから、甲野くんへのからかい、ちょっかいがやめられず、何度注意しても一分たつとまたはじまる。そんな状態でした。甲野くんもまわりにいわれてずいぶんがまんをしているのですが、それではよくないと思い拓矢くんにも調子にのりすぎだ!! としかりました。ただでさえ、特別視せざるをえない部分もあるのに……こればかりは、ゆずれないなと思いました。

1998年1月7日(水) 母

明けまして おめでとうございます。

本年も、よろしくお願いいたします。

昨年12月27日に佐々木正美先生の診断を受けました。

おもちゃで自由に遊んで良い……という状況で、洋輔と二人楽しんで遊ぶ姿に、「普通この年令だとまわりを気にすると思いますが、二歳の下の子と同じレベルでしょ!」といわれドキッとしました。状況をどう理解するかという点が弱く、時にはしつけが悪いと思われがち。これは障碍です。そしてこの子はおこって育てると二次障碍を起こしますよ、何度もくりかえし教えなければ……といったことでした。

1月8日(木) 鈴木

こちらこそ、よろしくお願いします。

三学期早々から、元気にとびまわって朝会はコウフンが続きだまらせるのが大変でした。

お医者さんのお話、ずいぶんショックなことが書いてあり、おどろいています。あわてたりあせったりせず、くり返し教えていくことが必要なんだ……ということをあらためて感じました。

1月8日(木) 母

昨日のノート、読み返さずに提出して、今日見て何てひどい字だ……と反省しました。

佐々木先生のお話で書き忘れたことで、彼の脳をわかり易く説明すると、トランポリンは上手でも、なわとびが苦手。要するに、一つのことは簡単でも、二つのことは数倍むずかしく感じる。それをおこって育てると、二次障碍（劣等感をもつ）になる。社会性に欠けて、行き場がなくなる。そうなると、一人では生きて行けないが、社会の歯車にもなれない——。

私は、追いたててさせるのではなく、導く方法を目標にしようと思います。なかなか親が未熟なので、むずかしいですが……。

『かきぞめ』を今日やっと書かせることに成功したのですが、「一枚でいいから……」と紙に向かい、「そうだ、こうやって……と!」なんとお手本に重ねてなぞったのです。それでもやらないよりはいいかなとマルにしたのですが、「が」に点を四つつけてしまい「あッ! 消しゴム使っちゃいけないいんだ……」とションボリしていました。ここまで型やぶりなら消しゴムくらい……と思いましたが、妙な所が気になるのだと笑ってしまいました。書写の本にはさんで持たせますので一声かけてやってください。

1月11日(日)　母

主人はカーッとなるとひどいことを言ってしまいます。今日もささいなことで拓矢がバクハツしてしまい追いうちをかけてしまいました。落ち着いてからゆっくり話すと主人も反省するのですが私はクタクタになります。

係が再び給食だそうで、彼は初めから残った係でいいんだと言っていました。

1月12日(月)　鈴木

給食の仕事は、とてもよくやってくれました。二学期から引き続き給食係である分要領がわかっているので、こちらも大助かりです。本人ははじめ「給食はもういい」と言っていたので、意にそわないのでは……と思い心配だったのですが、今のところほっとひと安心です。

書きぞめは、取りかかりに少し時間がかかりましたが、自ら「この間はズルだったから今度はちゃんとやる」と言ってすばらしい集中力でやりとげました。

冬休み新聞とか、三学期の目あてとか、今日は書くことが多かったので、取りかかるのがむずかしかったのですが、私に「書いてください」と言って口で言うことで、けっこうすんなり入っていくことができていました。

とにかく、おこってしまうともっと聞かなくなってしまう……そんな感じですので、できるだけ、おこらないで静かに対応するようにしたいと思います（私の三学期の目あて?!）。

給食係は甲野くんと一緒になってしまったので、係活動ではかなり問着ありそうです。口では松下くんが勝っているのでそうとう言いくるめるのです……。もう少し自分にもきびしくなってくれるといいのですが……。ハハハ。

1月13日（火）　鈴木

洋輔くんとはなれたがらず、どうなるかな……と思ったのですが、すんなりはなれてよかったです。以前はもっと時間がかかっていたと思うのでこれも成長かな～と感じました。

もどってから波にのれないのも……と思い、給食カルタを決めるようにも委員会から言われていたので、どんな言葉にするか、前半話しあいをしました。きのつく言葉に、きゅうり～給食、キャベツ～など言っていました。その後は、漢字学習だったのですが拓矢くんには、その間に「先生あのね」を配ってもらいました。時々意地悪をして（?）「○○くんにはあげない」ということも言うのですが、今日はすんなり配ってくれました。

「先生あのね」は、「通級の日記と同じでいい」と言っていました、ずいぶんよく書けていますね。

給食は歯のことを気にして「食べられない」と言っていたのですが、実際食べてみると「大丈夫だ！」と言って食べていました。

1月14日（水）　母

昨日は、おさわがせしました。下でダメといいきろうかと思ったのですが、授業が途中だったので入って行けない様子に追い打ちをかけるのも……と思い行かせました。休み時間の終了にすんなり離れられるか気になったのですが、おっしゃるとおり思いの他スムーズでした。古荘先生に「今日はとても調子がよくガンバッタ！」と言われたので、パワーは使いはたしてしまったと思い、教室に行くのが不安でした。でも洋輔と共に教室に乱入する姿をどなたかが見たら大変だろうなと思いました。

1月14日（水）　鈴木

通級のノートは私が書いて古荘先生にわたしておきました。体育はサッカーのチームわけのためにミニテストをしました。ボールをけってとばしたり、ドリブルするなどかんたんなものだったのでよく参加していました。

生活は校庭を探検してきたのですが、自分で書こうと思うことが見つからず、教室へもどってもうろうろしてちょっかいを出す始末。「ぼくは虫が見つけられなかったから、書くことがナイ」というので、たまたま私が給食室うらでだんご虫を見つけていたので、そこへ一人案内し、植木鉢の下を見せて、「松下くんしか教えてないよ」と言うと、さっと教室へもどり、すごい集中力で書き上げました。

そうじの時間、ここ2日間はベランダでどんぐりの実わりにもえています……。フゥ……。

1月16日(金)　母

水曜日にちょっと気になることを言いました。

以前に「教室のそばで、三年生が戦いといって急にかかってきた」と書いたと思うのですが、その三年生に帰る時雪をぶつけられ、「僕は泣いたんだ!」というのです。やり返したのか聞くと「友だち(三年生に)がいたからできなかった。だから学校やめる!」と答えました。吉本くんが主人に「まっつぁん三年生にいじめられてる」と言ってくれたことがあるので、吉本くんの目には「いじめ」と見えるのだと思います。

ふざけているだけなら良いのですが、朝会などで目立つでしょうから、目をつけられているとイヤだなと気になります。「僕より大きい」というだけで、クラスも名前もわからないそうです。

昨日、雪でかまくらを作りました。洋輔と二人やっと入れる大きさですが大喜びでした。

夜に主人と国語の教科書（力太郎、あってますか）を読みました。補助しながら最後まで読むことができました。できるだけ毎日やらせたいと思います。

今朝カードに記入の時、「お父さんがいっぱい読んだからダメだよ」というので、先生が良いといっていたから良いのだと説得しました。音読カードチェックしてやってください。

1月16日(金)　鈴木

三年生の子のこと、海老坂くんや、樺山くん、磯谷くんたちも知っていて名前もわかりましたので、清水先生に話をしました。くわしくはまた知らせたいと思います。そんなに何人もの子が知っていながら私の目や耳に入らなかったことがちょっとショックでした。

読書カードをくばったのですが、新鮮さもあって、ゾロリの本を読んだ拓矢くんはさっそく記録していました。

1月20日(火)　鈴木

今日は日直だったのですが、日直の話で検査のことを自分からみんなに話をしました。私が手に持っていたシールを指さして、「こういう大きさのを頭につけてたんだよ」といっしょうけんめい説明してくれました。

本読みは、⑤⑥番を読んでいただきたいと思います。

通級に行くときは「いってらっしゃ〜い！」とみんなから送られ、帰ってくると「おかえり〜！」と口々に友だちからいわれてちょっと機嫌よさそうにすごしていました。

1月20日(火) 母

本読み、何とか一回でも読むことを目標に時間を使うようにしています。以前より「これ見てからやる！」が実行できるようになりました。泣くこともなく約束を守れます。

6番最後の「自分の前にどんと座った」を私のひざの前にどんとしてあげたらお気に入りでそこだけ五回くらい読みました。まる読み（読点まで読む読み方）もスラーと私の番も忘れて読むこともあり、平がなにつかえながらも、楽しめるようになりました。

1月21日(水) 鈴木

ベランダで窓掃除の子に仕事をいわれて掃除をするのがすきです。今日も、「ベランダでやっていい？」と言うので、「5班の子に働かせてくれるようたのんだら？」と言うと、5班の山口さんに「ぼくを使ってくださ い」と言ってれいちゃんが「うん」と返事をしていました（今日は短かくてすみません）。

1月21日（水）　母

今日はとても上機嫌で本を読みました。「僕が⑤で、お母さん⑥読んで」というのでOKしました。明日は逆だそうです。でも最後の「どんと座る」は読ませて！　と自ら楽しんでいました。

1月22日（木）　鈴木

今日は図工はノリノリでやっていたのですが、他教科は、歩きまわってはちょっかいを出す……。そんなかんじでした。それでも国語の本読みは、池田くんに母役をしてもらって読む練習を行ないました。

今まで（前までは）とびまわってちょっかいを出しては、相手にヤメロ！　とか、反応されて、その度にワーワーとぼくはつしていたのですが、あまり相手にしなくなった分もめごとは少ないです。でも、やっぱり逆にこれでいいのだろうかと、彼がウロウロして一人ワーワー話しているのをみると考えてしまいます……。

1月22日(木)　母

何とか無事授業参観を終われた気がします。ヘビジャンケンはと～っても楽しかったです。やっぱり麻生さん（母）を意識してしまいましたが、お子さんを拓矢が大声で応援している姿に、「私は小さいなァ」と反省してしまいました。

やっと甲野くんを確認できました。奥野くんとはまたちがったタイプとお見うけしました。わりと強いかな……と思いましたが……。

私は幼稚園児の母の時、園でも目立つ母でした（元気で社交好き）。でも、今は気のおけない場を持っていないと感じています。やっぱり通級のお母さんの方が気が許せる気がします。自分は加害者の側だと思っているせいですかねぇ。

本読み、黒板に⑦⑧⑨と書いてあった気がしたので、それを読ませました。「長い！」とブチブチ言っていましたが、まる、点読みでガンバリました。算数は、かけ算を語りかけてやればよいですか?!

1月23日(金)　鈴木

今日は私が教室にいくなり、かをるくんともみあっていて（?）「おまえのマケ！」とかをるくんにいわれたのがいやだったのか、朝はランドセルを投げ、踏ずけるというすごいテンションでした。かばんは麻生さんが片づけてくれたのですが、その後は自分のピアニカをとり出して床に投げつけ踏ずける……というわけで、かばんとピアニカは私の手元にあずかりました。その後は上着をふりまわして歩きまわるので、「それも先生あずかろうか?!」と言うと、自分でかばんとピアニカのところに上着をおきました。

算数の長さの時はなかなか身が入らなかったのですが、今日は久しぶりに足し算のところだったので、お話問題を作ったり、足し算の計算問題もみんなと同じだけきちんとやることができました。国語は、音読をめぐって男の子二人がケンカになってしまい、そのために、拓矢くんの気分まで高ぶってしまったようでした。

1月26日(月)　母

メールとっても喜こんでいました。少しずつなれてくれると良いなと思います。

昨日、「何かお手伝いをしたい！」というので、上ばきを洗わせました。上手に洗えました。

七五三の写真は、家族の写真を「楽しそうにして！」と注文したので「好きな小道具もっていいよ!!」といわれ拓矢は『やり』をもち、洋輔は『小さなコンクリートミキサーシャ』と我家らしい写真になりました。楽しかったです。But洋輔のきもの姿を一人で写す時、お店でビデオを見て待っていたのですが、床にゴロンとくつろぎ、ちょっとため息が出てしまいました。

今朝、よく寝たわりに起こされて、やっと起きたのでちょっと不調です。よろしくお願いします。6の段あと少しです。

1月26日（月）　鈴木

今日はめずらしく、朝かばんの中身を机に入れ、かばんも片づけて朝会に出ていたので嬉しく思いました。

算数は、足し算、引き算の応用をやっているのですが、お話問題になると取り組んでいます。……ただ、本当は2年生なりの文の難解さで作らせているのですが、拓矢くんの場合は、松の木の下の単純なものになってしまいます。それでも、例題の意味は理解をしているので、まあ……いいことにしています（やる気があるのが彼にとってはいいと思うので）。

国語は漢字をやったのですが、なかなか乗れずに漢字の「戸」をどうにか、書いておわりました。明日から漢字テストをはじめます（道、空高く、うけ止める、組み合う、首ねっこ）。

6の段や、本読み、よくがんばっていただき嬉しいです。

1月27日（火）　鈴木

漢字、通級だということを忘れていました。すみません。

せっかくおだやかに戻ったのですが、また、甲野くんとけんかになったり、女の子の方にハサミを向けたりと不安定でした。ちょっと子どもたち同士のところで拓矢くんだけでなく、話しあう機会があった方がいいのかな……と考えてしまいました。

お手伝いにはとても自信をもっていて、本当によく働いてくれます。感心するのでほめると、またていねいにしてくれます。彼の一番のよさかなーと思いました。

1月27日（火）　母

漢字の練習まではいけませんでした。

誕生日カードをガンバッテ書きました。本読みを二回やったので漢字は強く言えませんでした。

通級で書いて私にくれるためコピーした作文が上手だったので、入れました。書くものが決まると何とか文につなげられたようでした。

古荘先生が皆さんに、来年度のクラスや担任の先生についてアドバイスをくださいました。

（奈実先生が一番い〜い!!」と思っていますが（先生はイヤかもしれない！）、きっと現実はキビシイだろうな……拓矢に大きな目をむけてくださる方がそばにいていただけて、今とっても幸せです。……と熱いメッセージを送る母でした。

1月28日（水）　鈴木

作文ありがとうございました。思わず勝手にはりつけてしまったのですが。すみません。嬉しかったので……。

古荘先生からも少し話をうかがいました。ほんとうにありがたいお言葉ではげみになります！

算数はじょうぎをもってきて、「使わないのー？　使おうよワーワー」という調子でしたので、他の子はふつうの学習をして、拓矢くんは長さをはかったり、じょうぎで指定された絵を書くということを夢中でやっていました。やりたいときにやるのが一番なのかなあ～と、あまりにも集中するのであらためて思ってしまいました。長さはとても正確にはかれます。なわとびはいっしょうけんめい練習して、グーチョキとびがすこしできるようになりました。

2月3日（火）朝　母

今日からまっつぁん復活です。せきをしているのでマスクをもたせますが、遊びに使ってしまいそうです。

実は、金曜日拓矢が発熱した夜、洋輔が熱性ケイレンをおこしてしまい、いつもより様子が変だったので救急車で聖マリアンナに運んでもらい、いつもの処置をしたにもかかわらず、明け方再びケイレンして熱にうなされ、あの世の人について行きそうな態度をとり、家族中で呼びかける……というさわぎでした。

土曜日、洋輔について両親が半日病院に行ってしまい、拓矢はおばあちゃんとお留守番。そしてその夜三度洋輔のケイレンはおこり、また救急車にのり、拓矢はお留守番。「僕ずっと家族に会ってない……」と言われてしまいました。洋輔のケイレンは回数が多いので、脳神経の専門医指導のもとシロップをのませたりしていた矢先、どの薬もきかず、先生も頭をひねるさわぎで、めったに病気をせず、せっかくいたわってもらえて（病院におぶって行ったりなどして）いたのに、それも一日で洋輔にとられてしまい、なおかつ大さわぎに自分の病気はどこかへ行ってしまったようでした。熱も彼にしてはとても高かったし、二日続くこともめずらしかったのにかわいそうでした。

洋輔はまだ目がはなせず、医師に熱は出ないと言われても出てしまうので、拓矢が元気でも本読みとかはできませんでした。本当は少し勉強になれさせたかったのですが、残念です。

今日は通級に行きたくないといいましたが、よろしくお願いします。拓矢はえらかったのでほめてやってください。

2月3日(火)　鈴木

この数日ずい分大変だったのですね。松下さんもかなりおつかれでは……と心配です。無理をせずにはいられないと思いますが……お大事になさってください。

久しぶりに出てきて、パワー発揮です。今日は先週お休みした子が、ポチポチでてきたので、仲良くじゃれあう……そんな感じですごしていました。

拓矢くんも熱を出したのに、ずいぶん自分をおさえてがんばったようですね。ほめたら、「何で知ってるの～?」と言ってました。

2月5日(木)　鈴木

算数はプリントを途中までしたので入れておきます。続きをさせてみてください(前にやったプリントも一緒に入れました。いつでもいいのでさせてみてください)。

図工の絵をまた例によって破いてしまいました。私がいない間にしたので、「先生に言ってからやりなさい!」と言いました。とてもていねいに書いていたので、どうしてだろう……と思ってしまいます(工作の教室でもそんなことがあるとおっしゃっていましたね)。

この頃朝、机につっぷしています。起こすと、突然カバンを投げたりふりまわしたりするので、今日は算数の時間は私の助手ということで、答えあわせの答えを黒板に書くということをしてもらいました。

古荘先生が、通級の連絡帳貸してほしいとのことでした。お持ちでしたら、明日持たせてください。

保田くんが松下くんのしかけるたたかいに対して「マイッタ」と言うとやめるんだと、まえちゃんが教えてくれたと言うのです。と言ってると松下くんがかかってきて、保田くんが「マイッタ」と言うと本当にやめていました。

2月5日(木) 母

工作の作品はよく『私が見られない状態』の時があります。先週も「こわす!」と言うので先生が「写真とるまでまって!」と言い、自ら「写真とって!!」ときて、その後すててしまったらしいです。でも『作る過程が大事』と工作の先生はしているらしいです。皆と同じ課題もせず(する時もある)ひたすら厚紙とガムテープでロボットを作ったりしているらしいです。

昔の公文のプリントを出してきてやると自らやりました。とても簡単なものですが、「やろう!」という気持ちを大切にしてあげたいと思うので、いっしょにノートにはさみました。

この頃朝は、比較的ゆったりおだやかにすごしているのですが、学校では逆におだやかな日ほど荒れている気がします。

夕方になると洋輔の様子がおかしくなるので、拓矢にさびしい思いをさせてしまっています。

2月6日(金) 母

先週の今日は大さわぎだったので本当に一週間は早いです。

今日は、何だか不機嫌で帰宅しました。誰それが「クツシタタクヤ!」と意地悪く言ったとか言わなかったとかで、おさまるのを待っていたら、普通になりました。

8時すぎ、眠そうだったのですが、テレビを見終ってから本読みをしました。できるので楽しかったです。「僕、④読みたい!」というので2度目は②→④にとびました。算数のプリントもさせました。私が書くのですが、それなりに考えています。3けたのくり上りがスラスラできるのでビックリしました。数のガイネンが今ひとつカナ?! とは思うのですが、「やろう……」という気持ちが少~しだけ芽が出たって感じです。

主人に、私たちが直接ふれる洋輔のケイレンと目に見えない拓矢のケイレンは同じだと思う……と話をしました。ここ二、三日主人も怒りにガマンのカバーをかけてくれています。

2月8日(日)　母

久しぶりにたまプラザのロケットハウスに行ってきました。とってもたのもしいお兄ちゃんに徹していて、洋輔は絶対的な信頼の中、ついてまわっていました。

車の中でお菓子を食べている時、洋輔がせき込んではいてしまいました。こんな時拓矢は、イヤダとかキタナイといったことを言いません。こんな所をほめてみました。写真を渡したら、幼稚園の時のカバンを全部持って行くとハリキッていました。

2月9日(月)　鈴木

幼稚園の時のかばんがとってもステキで感心しました。拓矢くん自慢のかばんでしょうね。

今日はひさしぶりに全員そろったのですが、甲野くんにまたまたたたかいをしかけてギャーギャーと大さわぎになってしまいました。甲野くんもそれなりに楽しくお相手をするときもあるのですが、「コーノノバーカ」とか「ノコノコ!!」とか悪態をついたり、上ばきをとったりとなかなか拓矢くんもしつこいので、甲野くんもバクハツし、力でかなわない分?? 服をふりまわしたり、たたいたり……「ぼくは物でやっていないのにコーノはやったんだ!!」と拓矢くんは主張するのですが……「はじめに手を出すのも悪いのよ」と話をしました。手を出さないというのは成長だと思い、みとめてはいるのですが、その分の口による攻撃は、本当に「何もここまで……」と思うほどしつこいのです。どうしたものか……悩んでしまいます。

今週給食当番でした。マスクを持たせてください。

生活は、今度は金曜日ですので、写真などまたそのときにおねがいします（本人はまた持ちかえるといってますので……）。

2月13日（金）　鈴木

今日はめずらしく、朝から「先生あのねを書く！」と言うので、これはチャンス！　と思い、一人だけ紙をわたして書かせました。お父さんの入退院のことを一人でもくもくと書きました。とちゅう友だちに見られたのがイヤダ！　とぐしゃぐしゃにしてしまったのですが、書きあげましたので見てください。

算数はプリント一枚書きあげたのですが、二枚目は気がぬけてダメだったので、宿題にしようかな～と思っていました。ところが、プリントのマルつけをはじめたとき、全問正解の子に「先生」ということでマルつけをたのんだところ「ぼくもやる！」とはりきり出しました。ところが一枚しかおわっていなかったので「二枚全部あってた子にやってもらっているの」と話をすると、しばらくは「一枚ならマルつけできるヤリタイ」と言っていたのですが、そのうち「これもやっていい？」と二枚目のプリントをもらいに来てモリモリとやりはじめました。けっきょく、マルつけはできなかったのですが、全部自力で仕上げてもってきたので、私はびっくりしてしまいました。でも……計算はあわてていて、ほとんどちがっていたのですが……。それでも中休みの間、まちがい直しを一緒になって最後までがんばりました。この底力たいしたものです!!

2月17日(火) 母

拓矢のお年玉でパソコンのゲームを買いました。父が帰宅しなければ箱を開けることも出来ないので早々と本を読み、明日の仕度をしました。今はただ箱をかかえ眺めるだけの拓矢君……フフフフフ……。

おばあちゃんが、市ケ尾のミスタードーナツにつれていってくれました。大さわぎの二人に何をどう食べたか思い出せない感じで……ですが、人の中で食事をしたりするマナーも何度も語りかけて慣させなくてはいけないとも思います。他人から見るとやはり『しつけの悪い子』になるのかな……。これは通級のお友だちに共通する悩みで、逆に私たちから見る『しつけの悪い子』はＬＤかな……と思うので笑っちゃいます。

2月19日(木) 鈴木

「おへそってなあに」。歌うように音読するところがとてもほほえましいです。漢字も読めるようになりますし、国語へもスムーズに参加することがふえたので、効果は大きいなあ!! とうれしく思いました。これからもよろしくおねがいします。

きのうあたりから、マッサージ師まっつぁんになっています。給食を食べおえると、肩をもんでくれます。他の子が指圧なのに対し、手のひらの山を使うので気持ちいいのがまたちがいます。上手だなあ〜と感心しました。

またベランダ掃除をしています。班の子に「ぼくはベランダに修業に行きます」と言ってでかけます。

図工のはんが、なかなか上手にできました。

2月19日(木) 母

工作教室を二週続けて休んでしまったので、寝たりしないようつれて行きました。先生が、紙粘土を用意してくださったのですが、「油粘土じゃないとイヤだ!」と厚紙で何かを作り出したらしいのです。しだいに課題を終えた友だちが皆集まってきて四、五人でいっしょに作りはじめたそうです。「まっつぁん」と呼ばれとても楽しそうでした。

「入れてくれない!」と先生に言いにいった子の入れてもらえない理由を、他の子が「まっつぁんのをこわしたから……」と話していて「え？」と思いました。これって拓矢の味方をしてくれるの?! と思うと、やってることはよくないけれど、ちょっと拓矢が受け入れられているのが嬉しかったです。

この頃本読みのシールが増えていることが普通らしく、他の子のことを「一枚もはってないんだって！」と話していました。以前は?! とちょっと笑っちゃいました。

2月20日(金) 鈴木

図書の時間に、拓矢くんが鮎川くんにおこって代本板を投げました。鮎川くんに少しあたり……あとでなんともなかったのですがヒヤリとしました……。松下くんは泣きながら「鮎川が急にけってきたんだ〜！」と言うので、鮎川くんにきいたところ「ふざけてやってしまった」とのことでした。子どもたちは、「お互いさまかな……」という感じで冷静でどちらの味方にもなりませんでした。

2月20日(金) 母

漢字「三つで良いから……」に体育、自分、分かるを選びました。友はヌがゴチャゴチャになってわからないというのです。But覚えた字はよみがながバラバラになってしまいます。自分は白の一本多いの。何時何分の分、友は右左の上とカタカナのヌ、体いくは人と本、分かるも自分の分、とポイントを言わないとまよっています。もしよかったらアドバイスしてやってください。ほんの少しやる気があります。

2月21日(土)　鈴木

休み時間は校庭を五、六年生が使用するため、外に出られず、教室ですごしました。さいしょは磯谷くんや女の子たちと声をかけて、楽しくおいかけっこをしていたのですが、鮎川くんとはげしいケンカになりました。二人でワーワー泣いて。わけをきくと複雑なのですが……松下くんは鬼ごっこしてるのにジャマされたと言い、鮎川くんは、遊んでるとは思わなくて、止めに入ったようで……そのときに松下くんは朝会での不満を鮎川くんにぶつけ、鮎川くんは、カッとなって手を出すということになったらしいのです……。

「ぼくは月曜（朝会）と木曜（集会）は学校イカナイ！」と言うのですが、ゆきちゃんに「だめだよ、まっつぁんがいなくちゃ2の3じゃないよ」と言われても「いいよ、他の人が転校してくればいいんだ」と言うので「そんなぁ～」と笑うと、拓矢くんも笑い出し「ふたごみたいに同じ人間がいないとだめだよ」と言うと「じゃヨウスケ！」「ヨウスケはだめだよ。弟だもん」「じゃ父ちゃん！ ボクとソックリの父ちゃん！」「父ちゃん⁇　父ちゃん大人だもん、二年生じゃないよ」なんて言っているうちに気もまぎれてしまったようでした。でも、朝会では問題がありそうなので交代したいと思います……。

漢字学習ノートが終らなくて、「宿題にする」と言っています。「細」と「船」です、声をかけてください。

2月22日(日) 母

漢字のドリル、少しだけやりました。やった事を認めようと思います。漢字のテスト『教科』は初めからすててしまったのですが「一個できなかった！」と言っていました。

久しぶりに自転車で外出し、公園で遊びました。自転車のペダルが長ぐつとあたって何とか……と文句をいいながら、公園で私と主人が追いかけるととっても嬉しそうでした。

走りまわることが今、とっても嬉しいみたいです。この頃鮎川くんがよく戦いの現場に登場しますが「誕生日に誰を呼ぶ？」ときくと鮎川くんの名が出たりもするのです。本当に呼ぶかどうかは、わかりませんが気になる存在ではあるようです。

以前から思っていたのですが、先生や皆に何かにつけて配慮してもらう拓矢が（うらやましいかどうかはわかりませんが）気になるのかなって、彼も長男でお兄ちゃんだからさみしいこともありますかね。

2月23日（月）　鈴木

それは大いにあると思います。限られた時間の中で三〇人余りの子にどれだけ接していくか。甘えたくてアピールする子もいますし、だまって、でも人一倍何かをうったえたい子もいますし……本当にもどかしいです。は〜。

土曜日の漢字はずいぶんすらすら書けたので、さすが家で見てくるとちがう！　と感心しました。

今日も鮎川くんにたいし朝会の時にぐちぐちと文句をいったり、ばかにした言い方をするので、「松下くんも一学期に、みんなに責められていやな思いをしたんでしょ」というと、「そう、ボクはみ〜んなからいじめられたんだ」と言うので、「こんどは松下くんが鮎川くんをいじめるの？　そういうことしていいの？」と言うと、ちょっと考えていました。「いじめられていやな思いをしたのなら、ぎゃくに、自分がいじめたりしてはいけない！」と言うことを話しました。「ああ言えばこういう」という知恵をどんどんつけているようで……考えてしまいます。

給食のマーボー豆腐、すごいいきおいでごはんをもって全部食べてしまいました。スゴイ……。

2月25日（水） 鈴木

音楽で先日の伴奏を教えたら、すぐに思い出してひけました。はじめは、私と一緒にオルガンで練習していたのですが、そのうち、「ピアニカでできる！」と言ってピアニカを出し自分で何度も練習をはじめました。そしてグループの発表では、班の友だちと一緒になってピアニカ演奏ができていました。

算数も最後みんながやっているプリントをすることができました。今週から、時間割を元にもどすことになりました。体育、算数の入れかえはありませんのでよろしくおねがいします。国語は「できるようになったこと」です。長いと思うので適当にきってください（まだ段落分けをしていないので）。生活も、「私が赤ちゃんのころ」のビデオや靴を写真にとったので、それができあがり、喜んで紙にはっていました。

今日はどの教科も比較的がんばったと思います。

最後海老坂くんともめていましたが……。ノートを見せるために並んでいて、松下くんの机がそばにあり、おされたかしたようでおこって、「磯谷以外はナラブナ！」と言ったのです。それに対し、海老坂くんが「そんな言い方をするな、それなら、磯谷しか並べないからおまえも並べないんだぞ」と言いました。すると、「ボクは学校ヤメル！」と言って荷物をまとめる始末。ハハ……。

2月25日（水）　母

今日ははるひ君があそびに来てくれました。二人仲よくパソコンのゲームで楽しんでいました。はるひ君は女の子男の子関係なく仲良くできるお子さんみたいで、うらやましく思っていたのですが、「なるほど……」と納得しました。おだやかで、その場その場の中から楽しいことを見い出しているようで、拓矢が夢中になってしまっても、おだやかに「僕にも教えて！」と復活させてくれていました。

ご家族の説明もとても上手でしたが、お父さんのお誕生日を「四月と思うが忘れた!!」というのには笑ってしまいました。私の母もとてもほめていました。

夜本読みをしましたが、新しい所も、読めるかな？　と思う字が読めたりして嬉しかったです。途中まで拓矢が読み私が後半を読み、お誕生日カードも書き上げました（中には私の作品もありますが）。

2月26日（木）　母

懇談会、有がとうございました。

手探りの子育てをしている今の私にとって、「真の友ができなかった……」と話されたお母さんの涙はとても心に感じるものがありました。また、皆がパーフェクトに勉強も遊びもこなしていると思っていたので「そ〜でもないのかな……」とホッとしたりもしました。学年親睦会の時、石尾さんが「皆それぞれ何かかかえているのよ！」と言ってくださった意味もよくわかりました。私も頑張ります！

2月27日(金)　鈴木

それぞれが、それぞれなりの悩みをかかえているのでしょうね。たしかに。でも、できすぎても後がこわいなぁという気もしますし。

おぐろ公園では、リレーに参加できました。けいどろはずうっとタイムばかりしていましたが……。中休みは、一緒にボールおにをしました。昼休みは、ピアニカをやると言って「こぐまの2月」の伴奏部分をずっと練習していました。ちょっと前じゃ考えられないことでビックリ……。一緒にひいて遊んだりしました。

お父さんのプレゼントで、悪い子のときには取り上げる約束のペンケースは今日一日とてもよくききました！　ころがったり、人のじゃまをはじめた時、「ふーん、分った……！」と机のところに近づくと「ワー、待って。しません！」とあわてて席にもどってピシッとします。

当分これは使えそう……?!

3月4日（水）　鈴木

誕生会にだれも呼ばない……というのは特に原因はないと思います。学校でも給食食べない！　というのは二、三日に一ぺんはあることですし、彼なりの甘え方なのかなあと思い、なだめて声をかけています。

算数と音楽は、参加をすることができました。

日直だったのですが、はるひくんが本当にいっしょうけんめい松下くんをサポートしていて痛々しいほどでした。それなのにまっつぁんはかえってはるひくんに甘えてやりたい放題になるところがあり、今日は帰りにおこりました。

3月4日（水）　母

今日は主人が私用で家にいたので、洋輔と自転車でおむかえに行くと上機嫌で帰宅しました。毎日夕方になると、「今日は何時に本読みするの?!」とききます。以前は「なんで毎日やらなきゃダメなの……」と泣き出しましたが、この頃は「これが終ってから……」と素直に答え実行に移せます。昨日児童養護施設の先生をしていらした方の話を間接的に聞きました。「愛情にうえて育った子どもたちは巣立っても、愛にうえ、早婚で子どもをうみ、育てられず、またその子どもが学園に来る……の悪巡環」だというのです。自らの手で育てられる幸せをしみじみ感じました。ＬＤぐらいでメゲてちゃダメですね！

3月5日(木)　鈴木

本読みがよく続いているので感心しています。クラスでまる読みをするときも、以前は小さい声で読んだり、そうかと思うとどなったりと、なかなか素直さを見せなかったのですが、この頃は本当に上手で感情がこもっています。

通級ノートにも書いたのですが、まとめの時期ということで同時に他の子どもたちにも関わっていかなければならないことも多く、拓矢くんなんだか荒れ方がひどい感じです……。できるようになったことを作文に書きたいと思っています。他の子どもたちはどんどん書きはじめているのですが、これだというものがないようで……（アンパンマンの歌！　とかそういうことを言うばかりで）やっと「レゴだ」と言っていますので、メモ用の紙に書ける範囲でかまいませんので、ちょっと相談にのっていただけないでしょうか？

昼休みは、本読みカードのハンコ押しを手伝ってくれました。女の子たち五、六人がとりかこんでモテモテの松下くんでした。

3月9日(月)朝　母

この週末いろいろなことがありました。久しぶりで本読みもパスです。

まずドクターのお話は、ＩＱは異状がないので、ゆっくり愛情をもって育ててゆけば、社会に出てもやって行ける。やはりおこらずあせらず勉強はいつも親の思っている五から七、八割でよしとするでした。ホッ！

土曜日午後、磯谷くん、吉本くんが遊びに来ました。洋輔が小さな鍋つかみをはめて磯谷くんに「しょ〜ぶだ〜」というので、皆で大笑いでした。テレながら相手をしてくれる磯谷くん、とってもかわいかったデス。

日曜日、主人の母にテレビゲームを買ってもらいました。朝もやりたいというので「やめられないからダメ！」と帰宅までガマンさせることにしましたが、学校であまり悪い子だったらノートに書いてもらって祖母の所に送り返す約束になっています。悪い子の意味はいじわる、悪い言葉、集中しないを一応あげてあります。

3月9日(月)　母

面談をお願いした校長先生のお話はとてもあたたかく、心がなごみます。先日、古荘先生が主人たちがおだやかだったと言ってくださったことや、夫婦で話し合い、態度をお互いに改め合うことなど（なかなかうまくいきませんが努力はしている）をお話すると、いい方向に歯車がまわり出していますね！ といってくださいました。

帰宅してから3時間半くらいテレビゲームに熱中していたようです。思いきりやったからか、「6時半に本を読む！」もちゃんと実行しました。吉本さんが「買ってしばらくはこれでもか……というほどやってもしばらくするとおさまるよ！」といってくださったので、時間は大目に見ようと思います。

3月10日（火） 母

8年前の今頃（9時頃）病院にいて、出産という感動のための苦しい序曲に立ち向っていました。毎年この季節夜の風にふれると喜びの涙がよみがえってきます。先生もいつか母になられると思いますが、あの時ほど母がありがたく思えたことはありませんでした。

初めてのお子さんをお腹の中で予定日に突然死でなくした友人が第二子の妊娠中、「五体満足なんていわない、お花とお線香しかあげられない親にならずにすむなら、どんな子でもいい……」と言った言葉を、拓矢や洋輔にアクシデントが出るたび思い出します。

通級のファイル、私が持って終わるのかもしれませんが、古荘先生のメッセージが鈴木先生に向けてあったので持たせます。

3月11日(水)　母

皆さんにお誕生日を祝っていただいたみたいで嬉しかったです。ホットケーキもおいしくできて（Butうちのグループはトッピングがと〜ってもくどくてビックリ！）楽しかったです。けれども『会』ではパワーが切れてしまったみたいで、思い通りに動けていないんだな……と思いつつ目立つ時ばかりキレるなんて、タイミング悪いな……ってちょっと情なく、あわれでした。でも夜きくととても素直にその時の気持ちを話してくれたのでよかったです。

お誕生日会、皆楽しくすごせてとてもよかったです。もってきてくれる物が、本人が選んでくれたのか意外でかわいいのにビックリでした。磯谷くんがチョロキュー、海老坂くんがドラえもんのお財布とお菓子、この二人がとっても意外でかわいかったです。

3月11日の出来事

ホットケーキパーティの終了後、教室で子どもたちからお母様たちに感謝の手紙が渡されました。皆の前でひとりずつ読んで渡すことになっていましたが、拓矢は照れ隠しにウロウロしていました。順番待ち人数が四、五人になった頃、カードを口にくわえ四つんばいになった拓矢が最後尾に並んだのですが、先生の視界に入らなかったらしく、前の番の方が読み終わると「みんな上手に読めたね！」と終わりの挨拶をされました。『お母さん、どうしよう。僕読めないよ……』と言いたそうに私を見た拓矢の顔は今でも思い出すたびに涙が出ます。私は拓矢の前にしゃがみ、「拓矢、お母さん聞いているから読んで……」と、涙を押しこらえてやっとの思いで声をかけました。それに気づいた先生の「まっつぁん、先生も聞いているから読んでよ！」の声に数人のお友達も「読んで、読んで！　まっつぁん！」とそばに座ってくれ、「いつも僕や洋輔のお世話をしてくれてありがとう」と読み終えることができました。この無器用さがあわれで涙が止まりませんでしたが、こんな拓矢を支えてくださっている皆さんの真心が本当に嬉しかったです。

3月12日（木）　鈴木

昨日は帰るときに磯谷くんに「今日は君が主役だ！」なんて言われてとっても嬉しそうでした。私が「誕生日だから荷物もってあげるよ！」と言うと、「イ〜ヨ〜！」とテレておりました。

今日は、昨日のコウフン状態から一転、みんな（クラス全体が）とっても落ち着いておどろいています。やっぱり昨日はまい上がっていたのかなあ……と思いました。休み時間は、外へ出られなかったので、男女大ぜいで教室でだるまさんがころんだをしておりました。

誕生日会に行った子どもたちが、「あみだくじでプラモデルをもらったよ」と嬉しそうに話をしておりました。

3月13日(金)　鈴木

子どもたちが松下くんにいろいろ声をかけているな～と感じる日でした。たとえば、図書の時間、「まっつぁーん、アンパンマンの本みつけたよー」とだれかが声をかけ、「ホラ！」と見せて「どこ？　どこ？」と松下くんがきくと、こっちだよーと案内したり。

給食では、あげパンをへらす子がいて、じゃんけんをするのに谷川さんが、私のところにいた松下くんに「ねえ？　アゲパンあるけど、じゃんけんする？」ときき「ウン！」と言うと、同じ班で食べたい子をつれてもういちど松下くんのところにきてじゃんけんをするというすがたもありました。

休み時間も、大勢の中でいつも遊びに加わっています。なんか、クラス替るのもったいないなーとちょっと思ってしまいました。

3月16日(月)　朝　母

このところ父子そろって64ゲームにこっていて疲れきっているので（二人とも）「64制限時間をつけるか?!」とおどしています。そんなこんなで今朝は昨日十分な睡眠をとったにもかかわらず、ぎりぎりに起きてぐずぐずいっています。手をやくかもしれません。

3月16日(月)　鈴木

朝会のあと一～五年生で「つばさをください」を練習したのですが、もうプッツンしてしまったのか、終始「つばさなんかいらない」だのブツブツいっておりました。

生活のときは、アルバムの製本をしました。私が裁断機を使ってととのえたものを持って何度も教室と印刷室を往復してくれました。

3月16日(月)　母

ステキなアルバムありがとうございました。とても自慢気に見せてくれました。私もとても嬉しかったです。

3月17日（火）　鈴木

今日は朝から「今日の松下ホテルはすごいよ！　五枚着てきて暑かったから、ぜんぶ床にひいたの！」そうなんです……。松下ホテル（しゅうちゃんには「入っていいよ！」といって入れてあげています……）が彼のブームで、上着を床にしきつめて上ばきをぬいで上がるのが、彼の楽しみなのです。それからもう一つすごいのあるよ！　ホラ！　と教科書も国語四冊自慢気にみせてくれました。

アルバム、自慢していたときいて嬉しかったです。一度ごみばこに入れてすてようとしていたので心配していたのです。

6の段をひさしぶりにやりました。もう少しでできそうなのですが……家でも6×1が？6×2？　とか、はたらきかけてみてください。

3月18日（水）　鈴木

朝からランドセルが片づけられ、連絡帳まで出してあったので、ちょっとびっくりしました。

1、2校時は、私が卒業式の予行で体育館へ行ってました。行くまえに作文の下書を完成させ、なぞるように言いました。欲しがっていたプラスチックケースがあったので、作文書いたらあげよう！　といって物でつりました。でもちゃんと終らせました。

3月19日(木) 鈴木

火曜日に、通級の先生方と、寺田くんと松下くんのことについて懇談（?）をしました。調理実習での作業がとても上手だと古荘先生たちがほめていました。それから、「食べ方もすごくきれいなのよねー。ああいうのはお母さんがちゃーんとしつけたのよね。すごいわよ」と言っておりました。たしかにそうだなァ……と思います。お皿の中のものは、とてもきれいに食べますね（食べる前にぐちゃぐちゃ言うのは別ですが、ハハハハ）。

紙人形劇をグループでやっています。拓矢くんははじめ力太郎のグループに入っていたのですが、力太郎の人形がうまく作れなかったのがひっかかり、「一人で〝ふきのとう〟をやる!」と言い出しました。でもそのあとは自分でどんどん準備をはじめていたので「やってごらん」と言いました。

3月23日(月) 母

今日は幼稚園の同窓会に行ってきました。お教室で集まっている時は相変わらず、柱に登ったりかべ側の机に乗ったり……でも「13回生の方……」とマイクを向けられるとちゃんと名前が言えました。拓矢の先生は皆さん退職されたり、姉妹園に行かれたりしているのですが、皆さん出席されていて、今でも心配して連絡をくださる先生ともお話ができ、とても楽しかったです。園長先生も心配してくださっていて最後に声をかけてくださり、運動会のお話は、年長の時が同じパターンだったので（動きが）うなずきながら笑ってしまいました。どの先生にも鈴木先生をはじめ校長先生、カウンセリングの佐々木先生、通級の先生……などのお話をすると心から「良かったですねェ、これからドンドン良く変って行きますよォ……」と言ってくださいました。

会が終わると昔のように園庭で遊び、夕方までドロ遊びをしました。そして昔のように拓矢の学年が最後まで遊んでいました。やがて三年生になろうとしているのに砂場の似合うこの子たちがいとおしく思いました。

6段クリアして嬉しいです。

3月24日（火）　鈴木

昨日井上先生が市ケ尾小にもどってきました。私にとってもよき相談相手が戻られたということで嬉しいです。

ふきのとう、一人で発表したのですが、アイデアいっぱいで子どもたちは大ウケでした。その後は「見えないヨー、まっつぁん！」と言われっぱなしでしたが……。

大掃除は私がクリーナーをかけている間、しばし「校庭で遊んできてよい」としたのですが、拓矢くんは、「タワシを使ってないし、掃除する！」と私が機械を使っている横でずっと床みがきをしていました。

松下さんが一家をあげて拓矢くんをサポートしているのがとってもよくわかるこの二年間（とくに後半の一年間）でした。いろいろと出来事があり、本当に松下さんも大変だったと思います。でも、今していることは確実にプラスになっていると思います。拓矢くん以外にも様々な問題を抱える子はたくさん（？）いるわけですよね。松下さんは通級で、「先生になかなか理解されにくい」という話をきかれているようですが、逆に私たちの中からは、「言っても、親の方がなかなか理解してくれなくて困っている……」というような話をききます。だから、まわりの先生からは、「鈴木さんとこの松下くんはいいわよ。親ごさんがとっても一生けんめいですもの。ぜったいよくなるわよ。うらやましいわ」と言われるくらいです。

また、四月からは井上先生という方もいらっしゃる（多分？）……わけですし、ぜひぜひがんばってほしいと思います。私は松下くんと一緒に二年間をすごせて本当によかったと思っています。

拓矢くんと過ごした学期

鈴木奈実

思いがけない再会

「本の出版ですか?! かっこいいですね」

松下さんから「本を出そうと思っている」という手紙をいただいたのは、私が出産して間もなく、産休中の頃のことでした。はじめは「連絡ノートを本に載せたい」ということでしたので、ふと懐かしいなぁと思いつつ、「松下さん、本を書こうとは相変わらずすばらしいパワー。何を書いたかはほとんど記憶にないけれど、どうぞ使ってください」と、軽い気持ちで返事をしたのでした。

それからしばらくして「奈実先生にも当時のクラスを振り返って書いてもらうことに決定しました」とのメール。まさか、自分が原稿を書くとは思っていなかったので本当に驚いてしまいました。

当時の2年3組を振り返る……。これがまず意外と厳しい。なぜならその間、新しいクラスの担任となり、たくさんの子どもや保護者の方と出会い関わってきて、やはりいろいろなドラマがあったからです。記憶が曖昧な中での一筆は、内容がいい加減になってしまいそうで、本当に困ってしまいました。

そんな時、「是非読んで思い出してください」と送られてきたのが、あの懐かしのＢ５サイズのノートを半分に切って使っていた「連絡ノート」だったのです。

久しぶりの連絡ノート。私はいつしか夢中になって読んでいました。

あまりにたくさんの出来事があって、悩んで悩んで時には耐えきれず陰でわんわん泣いてしまったこと。それでも強くならなければ！　と臨んだ日々。そしてそんな大変なことがあったからこそ得ることができた嬉しさ、感激。しばらく遠ざかっていた思い出が次々とよみがえってきました。その当時は日々の出来事や考えたことをとにかく書きつづっていたけれど、後で見ると、自分で言うのも恥ずかしいですが、このノートは自分が変わっていく過程がよく表されていると思いました。

学校の先生で悩んでいらっしゃる方はたくさんいると思うのです。鈴木さんの経験はきっとそうした方に力を与えるものと思います。ですから書きたいことを書きたいようにお書きになってみてください。

現代企画室の唐澤さんの言葉をうけ、書いてみようという気持ちが強くなりました。

本当に私の場合、フツウの教師というのか、どっちかと言えば至らぬ点の多いボーッとしたタイプに近いのですが。でも、もしかしたらその方が読者にも等身大に見えていいかもしれない。「なんだ！　これならできそう」みたいに。そんな風に考えると、ちょっと肩の荷が下りる気分になりました。文章の方は、かなり軽々しいタッチですが、あえて連絡ノートを書いていた頃のノリで、当時を振り返りたいと思います。

拓矢くんとの出会い、そして始まり

拓矢くんとの出会いは一九九六年の春。私は教員四年目を迎え、初めて一年生三二名を担任した年でした。その後の二年間を、拓矢くんをはじめとする学級の子どもたちと担任として関わってきたわけですが、まさに毎日が喜怒哀楽の連続だった！　そんな思いです。まだまだ経験の浅い私にとって一年生の行動というのは驚きの連続。子どもたち一人一人が「自分のクラスが好き！」と言える学級にしたい。私の中ではそんな強い願いがありました。……でも、そんな思いとはうらはらに、こちらの予想をはるかに超えるような一年生という行動に当時、恥ずかしながら私は振り回されていました。

子どもたちは、もちろん様々なタイプがいましたが、全体的にはとにかく元気！　給食が足りずに他のクラスからもらってきて食べるほどでしたし、あり余るパワーがあちこちで発散され、小競り合いも日常茶飯事。良くも悪くも元気！　元気！　という感じでした。私は一年生パワーに圧倒されながらも、どうにかこうにか一年間を無事楽しく過ごし、同じ学級をまた一年担任することになったのでした。

一年生から二年生になる頃は、子どもたちは学校でのルールにも慣れ、こちらも子どもたちの様子や行動をかなりつかんで関わることができるようになったので、学級も一年生のはじめの頃に比べればずいぶん落ち着いてきました。

しかし、拓矢くんが何かとやり玉に挙がるようになったのも、その頃からだったように思います。小競り合いに関わるメンバーはだいたい決まっていて、はじめの頃は拓矢くんもその中の一人という感じに私の方ではとらえていました。しかし拓矢くんの示すサインはどんどん激しさを増していきました。一斉での学習になかなか参加できない。席に着いていることも困難になる。私や他の子どもたちからますます注意をされる。子ども同士での関わりもスムーズに行かなくなる。体の大きめの拓矢くんが手を出すとみんなで止めに入る。つまり拓矢くん対大勢の構図になる。そして、ついに怒りが爆発すると抑えが効かなくなり、ものを投げ、壊し、それを止めようとすると今度は自分を傷つけようとする……。そんな状態になっていったのでした。

連絡ノート

松下さんと連絡帳で情報を交換するようになったのは、とにかく事実として日々の様子を伝えたかった……そのことがきっかけだったように思います。「お宅のお子さんに困ってる」と言うのは簡単ですが、どんなことが起きているのか、三〇人余りの子と接しているとなかなか見失ってしまうことも多いのです。ですので、一日の様子を忘れないうちに書き留めて「困っている状態や、それに対してどんな対処をしたか」を伝えようとしたのです。

そんなきっかけで始めた連絡ノートでしたが、後にこのノートは私にとっていろいろな効用を与えてくれました。つまり書くことによって、拓矢くんの様子だけでなく、自分の考えを伝えることができましたし、時には冷静になって考えたり、思いを整理したりすることができました。

自分の目だけでとらえ考えていると、時には一面ばかり見てしまう……そんな危険がありますが、その見えてこなかったことが見えてくる、そんな良さもありました。そしてなんといっても、松下さんと意見を交換しあうことで、互いに信頼関係が育っていったというのが大きかったように思います。「一人で悩まずに、みんなでできることをして、拓矢くんを育てていこう」という空気が生まれてきた！　そんな気がします。


それまでは、手を出すという行為は見えやすいので、拓矢くんにはしょっちゅう注意・指導をしていました。でも、注意が効かなくなりかえって行動が目立つようになっていった拓矢くんを見、また松下さんから家での拓矢くん・放課後の拓矢くんの様子を知らされるにつれて、結果として私自身も拓矢くんを追い込んでいるのかもしれない……と気づくようになりました（本当に未熟者です）。

縁あって出会った三二名の子どもたち。ここに偶然作られた学級は小さな社会でもあると思います。この小さい学級という輪の中でお互いに尊重しあって仲良くやっていこうと考えることは、やがて大きくなって大人になり、社会に巣立っていく子どもたちにとって、決して無駄ではないことだと思うのです。この学級というのは小さな社会の中で、一人一人が「楽しい」「このクラスが好き」と思えるようになるためには、どうすることが大切なのか。

それは拓矢くん一人にどうにかしてもらう問題ではないはずです。

私なりのささやかな取り組み

少し話がずれますが、私は初めて市ヶ尾小で教師となったとき、一年間だけ音楽専科をしました。その時、その教えた子の中に学習障害があるのではないかと思われる子がいたのです（彼も通級に通い、指導を受けていました）。

彼を受け持っていた担任の先生は特殊学級指導の経験がある方でとても理解があり、保護者とも毎月話し合う会を設けたり、通級の先生とも話し合ったりして、とても熱心に指導されていました。その先生から彼のことは聞いていたので、はじめの頃はピアノの上にのっていた楽譜をすべて落としたり、みんなが歌っている最中にピアノ伴奏する私のところに近づいてきてピアノのふたを閉めようとしたり、いろいろなことをしてきましたが、教師一年生の私としては、落ち着いて彼と接することができたように思います（多分）。

だから拓矢くんと出会って、後に私なりにとっていった行動は、もちろん通級の先生や校長先生との話し合いやアドバイスも大きかったのですが、その先生の影響もかなり受けていたのかな、という気がします。

さて、連絡ノートを書き始めるようになる前に、通級の先生とは拓矢くんの行動について、すでに相談というのか、「こういう子がいるのだけれど」というような話しを始めていました。相談のきっかけはスムーズでした。拓矢くんがバクハツした時に、気持ちが少しでも落ち着くよう、教室以外の場所で拓矢くん本人の話を静かに聞いたりする場面が増していたのです。休み時間ならともかく授業中となると、クラスにいる他の子どもたちのこともあるので、保健の先生や校長先生も自然に関わるようになっていきました。特に、渡部校長先生は毎朝昇降口で登校してくるすべての子どもたちとあいさつを交わすような方でしたので、拓矢くんともよく関わり、「今朝こんなことがあったのよ」など様子を伝えてくれました。通級の先生とは同じ敷地内に教室があったこともあり、そのようなわけで話は自然に伝わっていきました。そして、通級の先生から「学習中の拓矢くんの様子を見に行きたい」と参観の申し出があったのです。

当時クラスにはすでに入学したときから通級に通っている子どもが一人いました。そして、年に一度はその通級指導教室の先生が通級している子どもの学校での様子を参観することになっていたので、その時に拓矢くんの様子も見てもらうということになりました。

参観しに来た先生はとても驚いたようでした。通級している子どもよりも、とにかく席に座っていられず床に転がるなどして行動が目立つ拓矢くん。私が彼に関わっていると今度は別の子どもたちが何か小さなトラブルをおこしている……。そんな風に目に映ったことを、放課後通級の先生は「大変そうだ」と話していました。そして、「拓矢くんの行動はやはり気になる。可能であれば通級に向けて相談にのりたい」と、そんな感じで話が進んでいったように思います。そして、連絡ノートにあるように松下さんと細かな連絡を取り合うようになり、拓矢くんが少しでも今ある状況から変わっていかれるよう、通級が実現していったのでした。

通級の井上先生は、通級指導教室での拓矢くんへの指導や、彼の様子について、時には学習中の様子をビデオを交えて伝えてくれました。拓矢くんは出された課題に対してできないと思うと、それがものすごく高い目標に見えてしまうこと。自分のいる位置と出された課題の大きなギャップ、それが彼にはたまらないストレスになってしまうこと。でも、そこでちょっとステップを置いてあげると、彼はどんどんその高かったはずの目標に近づいていけること。そのようなことを、教えてくれました。

たとえば、拓矢くんは黒板を見て書くということがとても苦手でした。はじめは黒板に書いてあることを見てノートに字を書いていても、次に顔を上げたときに黒板のどこまでを書いたか分からなくなってしまうようなのです。でも、書いてあることを少しずつ言葉で伝える、または「ここだよ」と位置を指さしてあげることによってそれは解決していくというのです。

また、連絡ノートにもありましたが、「水泳がある」ということも彼には壁になりました。でも、「行くだけでいいよ」「見ているだけでいいよ」と、できそうなことから声をかける。そして、もしそこで「水に入ってみようかな？」という気になったら「ちょっとだけ入ってみたら？」と、迷う気持ちにトンと背中を押してあげる。するといつの間にか彼はあんなに大きな壁になっていた水泳を楽しんでいる。私は、なるほど！　と感心し実践を心がけていくようになりました。

拓矢くんとともに

通級の先生からのアドバイスをもとに教室に戻り、拓矢くんとの関わりを再スタートさせました。

まず、学校で過ごす5校時のすべての時間をきちんと座っていることは、今の彼にはキビしいということも、井上先生から話を聞いてよく分かりました。したがって、それについてもステップを踏んでみるのはどうか、ということで、学習中にカードを使い始めたように思います。

そのカードには同時に拓矢くん自身の意志をコントロールする力を高めて欲しいという願いもありました。何よりも拓矢くんには突然バクハツせず、「ここまでは大丈夫だけど、この先はもう無理」というような自己認識をもち、「もうダメ」と思えば、それを自分で知らせるようになって欲しいと考えました。周囲に知らせてくれれば、学級の中でも落ち着いた対応ができるし、子どもたちも考える時間を持つことができるからです。

また、余っているパワーは、人の喜ぶことへ上手に分散できるよう、促すようにしました。例えば、拓矢くんは私がお願いをするととても良く手伝いをしてくれる子でしたので、掃除の時に「机運んでくれる?」なんて頼むと、「任せといて！　うぉぉぉぉ～っ」といくつも運んでくれたりしたこともありました。また、体育のマット運びも活躍していた記憶があります。それから、遊びの一つで友だちをおんぶするなんてこともよくやっていたように思います。

拓矢くんは母である松下さんの言うとおり、お兄さんとしての頼もしさと優しさ、楽しいひらめきでみんなを笑わせるような明るさがあり、とても魅力のある子だと思います。そんな彼の良さがもっと出せるようにしたい！　という気持ちで、私も拓矢くんに接していたように思います。

子どもたちとともに

拓矢くんを「悪い子だ」と決めつけず、彼を認める強さ（包容力）を持って欲しいと思っていました。しかし、低学年の子どもたちに、そんな難しいことができるのか？　と、とても不安に感じ、正直無理かな……と思っていました。でもとにかく、拓矢くんがバクハツしてしまう状況を子どもたちに語りかけ、考えさせようと心がけました。

すると、連絡ノートにも書いているように、びっくりするほど子どもたちは力を発揮してくれました。「拓矢くんはどういうときにバクハツしてしまうのだろう」という問いかけに、子どもたちは「拓矢くんがいつも悪い」と答えることはありませんでした。むしろ、平等に見る力をきちんと持っていて、「みんなで責めたとき」などという答えが出てきました。

「じゃぁ、どうしたら拓矢くんはバクハツしたりしないと思う？」その問いかけに、子どもたちは自分たちなりに一生懸命考えてくれました。確か、拓矢くんがいる前でもそういった投げかけはしたと思います。

でも考えてみれば、バクハツしたりしないようにするためには、特別なことなどする必要はないと思います。バクハツしないようにするための答えというのは、「みんながケンカをしないで仲良くするにはどうしたらいいか」という答えにほとんど一致するものだからです。でも、一見平和そうなクラスに見えていてもそれが十分にできていなかった。それが拓矢くんがバクハツしてしまうことで、どうしたらいいかより真剣に考えることができた。そういうことだったのかもしれません。

そして、その結果自分たちができることを考え、彼を受け入れようと柔軟に行動しようとする子が増えていきました。例えば、連絡ノートにもありますが、拓矢くんがちょっかいを出してきたとき、すぐに「何するんだよ！　やめろよっ」と、カッとなっていたのをちょっと押さえ、「自分と、遊びたいのかな？」と考えてみる子。自分が担当するところではないけれど、「黒板掃除したい」という拓矢くんに「いいよ」と仲間に入れてあげる子。「食べない」と言って給食を机に置かない拓矢くんのために黙って給食を自分の机に預かる子などなど…。小さなこともあげたらきりがないほどです。想像以上の子どもたちの拓矢くんへの接し方を見て、私は本当に驚き、彼らの大人顔負けの包容力に感動しました。

私は一方で「拓矢くんは特別だ」という意識は持たせたくありませんでした（現実的にはかなり「特別扱い」状況でしたが……）。なので「拓矢くんの場合は目立っているけれど、誰にでもある弱さの一つ」というような理解を子どもたちにして欲しいと考えて、伝えるようにしました。

「みんなも、運動が苦手とか計算が苦手とか、友だちとすぐケンカしちゃうとか、一つくらい出来ないなぁと思うことがあるよね。拓矢くんはそういう自分の持っている悩みを解決しようと、今頑張っているところなんだよ」

はっきりとは覚えていませんが、そのような話を子どもたちにはしたように思います。

自分たちが原因を作らないようにすることで拓矢くんの弱さをフォローすることができる！　ということを実感させたい、そういう願いもありました。

もし、拓矢くんがいなかったら、これほどまでに友だちについて考えたりすることはなかったかもしれないし、思いやりの気持ちも出て来にくかったかもしれません。

保護者の方々とともに

拓矢くんがバクハツをしてきたという事実がある以上、当然保護者は我が子のことを心配すると思います。ただ、子どもの話を聞くだけでは「拓矢くんがまたやった！」ということしか伝わらないことも時にはあるのかな、ということを感じるようになってきました。というのは、私も正直言って今までどこかそうやって拓矢くんを追い込んできたかもしれない、という反省からです。

もしも保護者が子どもの話をそのまま聞いて、「拓矢くんはそういう子」と否定的になってしまうとどうなってしまうでしょうか。その考えはそのまま子どもに映ります。ですので、学級の現状や取り組んでいることをできるだけ正しく把握してもらい、こちらの考えを理解をして協力してもらえるよう努めました。

保護者との連絡手段の一つとして、私の場合は学級便りを発行していました。といっても、月に二回程度がやっとのペースでしたが……。それでもその便りを使って学級の出来事や取り組みなどを伝えるようにしてきました。はじめ、私は楽しみながら学級の様子を分かってもらえたらいいな、と思い発行していましたが、一年生の時にある出来事を記事にしたところ、大きな反響が帰ってきて驚いたことがありました。

それは、こんな感じの内容です。

普段から友だちに対して強い態度をとり、すぐに手を出したりして友だちを泣かしてしまうAくん（拓矢くんではありません）がいました。彼のことを知るにつれ、周りの子どもたちは徐々に彼のことを避けるようになりました。そしてある時、今度はAくんが「入れて」と友だちに近づこうとすると、その中の一人Bくんに逆に「嫌だ！」と言われました。カチンときたAくんはまた手を出してBくんを泣かせてしまったのです。

自業自得といってしまえばそれまでかもしれません。でも、Aくんは自分の良くないところを直そうと気をつけはじめていたところでした。ですので、私は逆に頭からAくんを拒絶してしまう態度は、同じ一年生同士として良くないのではと思いはじめていました。そこで、Aくんは「暴力をふるうと友だちは仲良くしたくなくなるんだよ」と重ねて話し、Bくんには「仲良く遊びたいと思って来ているのに、来ただけで冷たい言い方をしていいのかな。もし自分が仲良くしたい友だちにそんなことをされたら嬉しいかな？」と疑問を投げかけました。

彼らの喧嘩を仲裁した次の日、Cくんがやってきて私にこう言いました。

「Aくんに友だちが少なくなるのは、みんなも良くないんだよ。みんなが責めるからAくんはよけいに悪いことをしちゃうんだよ。でもね、みんなが責めるのは本当は友だちになりたいからなんだよ」

私は本当にドキリとさせられました。CくんはAくんともめたりすることはほとんどない子でした。でも、Aくんのことを見ていて彼なりに何かを感じたのでしょう。そしてお母さんと話をし、このような言葉をお母さんから教えてもらったようなのです。

その後、BくんとAくんはお互いに気をつけて接し合っている様子が見られ、嬉しくなりました。

この内容の学級便りを出した次の日、保護者からたくさんの感想のお手紙をいただきました。「いい話ですね」という内容から、「自分の子がAくんに似ている」と感じて手紙を下さった方。七、八人の保護者の方からあたたかい言葉をいただきました。学級便りを書いてこんなに反響がくるとは夢にも思わなかったので、とてもありがたく、励みになりました。


そんなこともあったので、私自身の考えは1年3組を受け持ったときから少しずつ伝わっていったように感じます。もしかすると、この学級便りのことが下地にあったのかもしれません。連絡ノートにあった懇談会で、松下さんが出席し、拓矢くんのことについてみんなの前で話をすることになったとき、松下さんは保護者の方の反応をとても心配されていました。でも、私はそれに対して「分かってくださる方は絶対にいる」と答えました。確信はなかったのですが「何とかなる」という思いはありました。でも、分かってくれる方はいたとしても、懇談会という場で「見守りましょう」と受容的な温かい発言をしてくださる方がいるのかどうか、そちらのほうが心配でした。

しかし、当日拓矢くんのことが話題となったときに、もちろん心配のあまり批判をされる方もいましたが、「見守っていきましょうよ」という言葉が実際に保護者の方の中から出て、それをきっかけに話し合いは一気に寛容の心でとらえていこうとする流れへと傾いていきました。私はその言葉を聞いて本当に嬉しく、ありがたく思いました。そしてふと渡部校長先生からある時いただいた言葉を思い出しました。

「私たちはそういう保護者に支えられているということを忘れてはいけないのよ」

本当は、保護者としてはやはり心配であったと思います。しかし、その懇談会以降、家庭でも子どもと話し合ったり、様子を見守っていただいたり、時には励ましの言葉をかけてくれた保護者の方もいました。また、子どもたちの優しい気持ちをさらに高めるような絵本を貸してくださる方もいました。それは確か、『かみさまからのおくりもの』という話です。私はその本を読んでとても感激し、さっそく子どもたちの前でその本を読んで聞かせました。

五人の生まれたばかりの赤ちゃんに、神様がそれぞれの子にあった〝良さ〟をプレゼントしていきます。例えば、体の大きい赤ちゃんには「力持ち」を、すやすやよく眠る赤ちゃんには「優しさ」を、という具合に。そのプレゼントを授かった赤ちゃんは、それぞれの良さを大きく伸ばして成長していく。……そんな話です。

読み終えた後、「一人一人、必ずいいところがあるんだよ」という話をしました。その後、友だちのいいところを互いに言い合いました。こういう話し合いをすると、子どもたちはどんどん気持ちが穏やかになり、やがて教室全体があたたかい雰囲気に包まれていくのでした。そして、「拓矢くんは特別だ」という意識も、同時にどこかへ飛んでいってしまう、そんな感じがしました。

本当に私は心が救われた気持ちになりました。
みんなで理解し、協力し合って育てていくって本当に大事なことだと思います。そうでなければ、拓矢くんそして、親である松下さんは絶対に追いつめられてしまう……と思うのです。

そして、松下さんへ

拓矢くんの不安定な状態に一番ショックを受けたのは、誰より彼を心から愛して育ててきた松下さんだったと思います。正直、ＡＤＨＤという現実を受け入れることは辛かったと思います。でも、しっかりと彼の状態を見据えて、彼がいい方向へ向かうように積極的に働きかけたのもやっぱり松下さんでした。連絡ノートにあるあの夏の懇談会は私にとっても忘れられない思い出です。私からも学校での様子を中心に、拓矢くんへの理解を求めたように思いますが、恥ずかしながら詳しいことは覚えていません。ただ今でも印象深く心に残っているのは、松下さんが夫婦で出席し、ご主人が拓矢くんのために頭を深々と下げたことです。松下さん夫婦ご自身の働きかけがより一層拓矢くんの心を救うきっかけになったと思います。

私はまだまだ未熟ですが、学習以上にせっかく出会った小さなクラス社会の中で何が大切か子どもたちには常に伝えていきたい……と考えています。それは私なりの言葉で言えば、みんながそれぞれクラスにとって欠かせない存在にしていきたいということです。

私は子ども時代かなり内気な性格で、自分に自信が持てない。そのためいつも思い切って自分を出せない……深刻というわけではありませんが、ちょっとだけそんな悩みを抱えていました。でも、誰にだって良いところ、弱いところはあるんですよね。だから、子どもたちには自分の良いところにもっと気づいて、自信を持って欲しいといつも思っています。「人に迷惑をかけるから、馴染まないからあっちへ行って！」とたった三〇数人という学級の中でそんなことが起こってはいけないと思うのです。

最後になりますが、私のようなどこにでもいるような一教師を、ここまで考え、実践させてくれた松下拓矢くんは私にとって本当にありがたい存在だったと思います。そして、松下佐智子さんと出会い、ノートやメールなどを通じて親の温かさを私まで実感できたこと、深く感謝しています。拓矢くんと過ごした学期は、今後も私の中での大切な思い出として温めつづけて、経験として生かしていきたいと思っています。

拓矢くんのこれからの健やかな成長、期待しています！

あれから

松下佐智子

最後の連絡帳を書き終えたとき、とても充実した気分でした。

早い時期から「新任で赴任された先生は、五年で変わる」とお聞きしていたので、それなりの覚悟があったのと、奈実先生がどこにいらしても「私たち親子の先生に変わりない」、そんな気持ちとで、落ち着いて新学期を迎えることができました。

そして三年生。やはり奈実先生は転任され、始業式から帰宅した拓矢が「奈実先生、市ケ尾小やめちゃうんだって。離任式に僕がお花を渡すんだって！」といって意外な任務をおおせつかって嬉しそうでした。

離任式当日。覚悟していたとはいえ、壇上の奈実先生を目にした時やはり涙が止まらず、この二年間が熱い思い出とともによみがえってきました。さわやかな奈実先生のご挨拶が終わり、いよいよ花束贈呈。拓矢の出番です。厳かに両手でお花を手に壇上にのぼる他の生徒さんをかき分け、片手で聖火のようにお花を握った拓矢は、照れながら「はい！」と先生に渡し、さっさと（でも嬉しそうに）降りてきてしまいました。

「拓矢にしては百点だな……!!」と泣きながら笑ってしまった私です。拍手に送られて転任される先生方が出ていらっしゃり、入り口でたっていた私は、奈実先生と目が合った時には、さまざまな思いが胸に迫り、先生も笑顔が涙にくずれていました。後日、「新任は六年間在籍できたのですが、2年3組の組替えとともに羽ばたこうと思って転任を希望したが、実際こんなに後ろ髪をひかれるとは思わなかった。離任式は挨拶が終わるまで緊張していたが、皆に見送られたとき、別れを実感して涙が出てきた。拓矢くんにお花を渡されて嬉しかった」とメールを送ってくださいました。

私もとても嬉しかったです。私にとってこの連絡帳は学校での出来事を知り、その対策を家でたてたり、またその逆をすることによって本人がすごしやすい環境を作ってやることもでき、またわずかな成長にも喜びを感じ毎日の励みにもなり、拓矢を育てていくにあたり、とても大きな意味を持っていたので、三年生担任の酒井先生にも、私の方から申し出て引き続き連絡帳をお引き受けいただきました。酒井先生はとてもお忙しい方でしたが、私が書く文章中に気になる点や配慮を必要とする部分には赤線を引き、了解したことのサインを下さったり、夜に直接お電話をくださったりしました。三年になるとクラス替えがあり、拓矢への影響が気になりましたが、一、二年で仲良くしていたお友達と引き続き同じクラスになることができたので、私の心配をよそに、毎日楽しそうに登校しました。

クラス替えにドキドキしていたのは、お母様たちを意識していた私のほうだったのかもしれません。そんな四月のある日。渡部校長先生から、NHKから拓矢の取材の話がきたので、ディレクターの話を聞きに来て欲しいとの連絡がありました。

私たち夫婦は、いつもの軽いのりで出かけていきました。ディレクターの説明を、校長先生、通級指導教室の井上先生と私たち夫婦で聞き、話の中心は、「拓矢の顔は出さないが、家族の顔は出る。

それによってのメリット・デメリットは、出てくる」といった内容で、話し合いは二時間にもおよび、相談の結果、最終的に拓矢本人に決めさせることにしました。翌日、私から拓矢に話しました。

私：「拓矢君。君は、時々バクハツしちゃうじゃない？ でねっ！ 君みたいにバクハツしちゃうお友だちがたくさんいて困ってる人もたくさんいるんだって、それで君が皆にどういうふうにしてもらってるか、テレビに出て欲しいって言うんだけど。どうする？」

拓：「ウーン。僕。出る！」

私：「お父さんやお母さんのお顔は出るけど、君のお顔は出ないかもしれないけど、いい？」

拓：「じゃァ、お面かぶって出る。ママも一緒に、お面かぶって出よう」

私：「拓矢君はお顔が小さいからいいけど、お母さんはあごのお肉が隠れないかも…」

拓：「じゃァ、輪ゴムで引っ張ればいいよ」

と、わけのわからないフォローをして貰い、取材を引き受けることにしました。

翌日帰宅した拓矢は、テレビの題名決めた！『ガマンだ。いかりの子どもたち!!』これもお面同様採用されることはありませんでしたが、皆大笑いでした。

取材は、翌日から約一カ月に渡って続けられ、細かな要望もディレクターが話し合ってくださったので、無理なく楽しく過ごさせていただきました。また、学校中の子どもたちから「3年2組ばっかり、いいなぁー」という声があがったそうで、校長先生は、全クラスをカメラを持って回って欲しいとスタッフの方に頼んで子どもたちの希望をかなえてくださったようでした。こんなところにも、渡部校長のお人柄がうかがえました。

カメラマンは、子どもの気持ちをよく考えてくださる方で、「まず、拓矢君と仲良くなることから始めます」とおっしゃって、一緒にテレビゲームやブロック遊びをしてくださいました。

取材が始まってしばらくしたころ、カメラマンから「拓矢君は、自分を取材に来ていることを充分分っていて、カメラを意識しないように意識しているのが痛々しくて、カメラを回せなかった時がありました」と聞かされ、いまさらながら拓矢の繊細さに「ハッ！」としました。

初めての授業参観とクラス懇談会もカメラが入りました。初めて同じクラスになったお母様方の目に拓矢がどう映るか気になっていましたが、授業中私のそばに来て床に寝そべっている拓矢を促しながら、「取材には、こういう姿も必要だろうし、これも拓矢だから…」という思いでおりましたが、カメラマンの目にはかなり悲痛な姿に写ったらしく、カメラを回せなかったことをディレクターからお聞きしました。自分では気がつかなくても、人の目には心も映し出されることがあると驚きました。

楽しく過ごさせていただいた取材も終わり、放送日が近づくにつれて、本当に拓矢のために良かったのかと不安になって来ました。その思いを井上先生に伝えたところ、「拓矢君には、真実を受け止める能力があると思います。テレビに映った姿に何か言ったら、本当のことでしょうといってあげてください」と返ってきました。その言葉を信じて放送当日、拓矢を私の前に座らせ、抱きかかえるようにテレビに向かいました。

黙って番組を見終え、録画したテープを確認しながら、拓矢は寝そべってじっと見ていました。見終えた後「僕って、ＡＤＨＤっていう病気だったんだ……」「拓矢君は、時々バクハツしたり、席にずっと座っているのがイヤになっちゃうでしょう？　あの時とかがＡＤＨＤで、普通の時は違うんだよ」という説明の仕方をしました。

ただ、番組内で海外のお子さんが実名で出ていたのに、自分がA君と呼ばれていたのがイヤだった！　と言い、主治医の佐々木先生にも、これについての不満を告げていました。

また、番組中、主人はとても立派な発言をしていて、友人にも「すばらしいお父さんですね」と絶賛されました。なのに拓矢の突飛な行動に目を吊り上げて怒ったりするので、「あのお父さん、テレビであんなに立派なことを言っていたのに怒ってるねって言われちゃうよ」と言うと、「あれはフィクションだったって、再放送からテロップ出して貰ってよ！」という始末。その後しばらく、主人が怒ると「この……フィクションオヤジ……」となじるのが我が家で流行りました。まだまだ未熟な私たちです。

秋頃から、主人が、「自分が怒らなければ、拓矢が穏やかでいられる」と悟りはじめました。確かに、拓矢は何よりも父に認められ、ほめられることに喜びを感じ、父に拒絶され、批判され、追い詰められることとで崩れてしまいます。

また学校で作った作品も、頑張って作ったものでも、ゼロかパーフェクトでなければ許せない部分があり、特に父に見せることに関しては少しでも汚れたり壊れたりすると「こんなのお父さんに見せられない。壊す。捨てる!!」と泣きじゃくるのです。

そこで、主人自ら脳神経の専門医に相談して、精神安定に良く効く軽い薬を処方して貰いました。佐々木先生にも依存性のない薬であることを確認していただき、服用してみました。確かにいつもなら怒ってしまう場面でも黙って許せたり、ゆっくりさとすことができると言っています。

我が家ではトラブルを起こす前の予防薬として必要に応じて服用していますが、友人の中には子どものトラブルが元でお母さんがうつ状態におちいり、精神科医から抗うつ剤を処方して貰っている話もよく聞きます。

この同じ頃、拓矢は毎日のように「学校に行きたくない」と言い、学校まで送っていってもげた箱の前で寝そべったり、洋輔を抱きかかえて「洋ちゃんと一緒じゃなけりゃ、靴を替えない」とぐずったりしました。でも不思議と、校長先生と酒井先生の手品のようなエスコートですんなり教室に向かうので、何度となく職員室に足を運びました。

また学校に行かない理由に、「気持ちが悪い」というのが多くなり、「早退してもいいし、給食を食べなくてもいいから行ってみようよ」と促して登校させると最後まで授業を受け、お友達と遊ぶ約束までしてくるのでした。

あまりにも毎日気持ち悪いと言うので、いつもの調子で登校させたら本当に熱があり、酒井先生からの連絡であわてて迎えにいったことが二度ほどありましたが、「また、やっちゃった！」と笑い飛ばして、毎朝元気よく送っていきました。

この失敗談は、友人も「私もやった！　39度も熱があったりしたのよ！」とよく話がでます。見極めが難しいパターンです。

クラスの友人関係は、皆さんの深いご理解と先生のご指導でとてもスムーズにいっていましたが、学年の違うお子さん、特に年下のお子さんとのトラブルが出始めました。中でも町内でのトラブルは私の悩みの種でした。拓矢にとっては、遊びたい気持が強いので、外で子どもたちの声がすると出たがりましたが、事なかれ主義を決めこむ私は、「おかあさんと遊ぼう。お買い物に行こう」と、必死で家に引き止めました。ちょっとした刺激にも弱い拓矢が過剰反応するため、彼がやり返すのも強くなるわけで、それを一方的に拓矢に謝らせるパターンが増えてきました。同学年でも、拓矢の性質を知らないお子さんに対しては同じでしたが、きっかけが相手にあった場合、私自身納得のいかない謝罪をして解決することになり、佐々木先生とのカウンセリングでこれについて涙ながらにお話した覚えがあります。

私：「相手が九割悪くて、拓矢が一割悪いと私が感じるとき、拓矢だけを謝らせたり、私だけが謝るのは拓矢を否定しているように思い、納得がいかない。この気持ちを自分の中でどのように処理すればいいのでしょう？」

佐々木先生は、しばらく黙ってお考えになり、静かにこうおっしゃいました。

先生：「相手が九割で、拓矢君が一割悪いと思われるなら、その一割についてだけ謝ったと思われたらどうでしょう……。それなら、拓矢君を否定したことにはならないでしょう？

次元が違うかもしれませんが、私は地方に行くとき、時々タクシーを利用します。運転手さんは対価を得ているのだといって、感謝の気持ちが少ない方もいらっしゃるかと思います。でも私は電車を乗り継いでいくよりも楽に目的地に着くことができるので、心から感謝します。近くの移動にタクシーを利用しても同じように感謝します。運転手さんは私がそんなに感謝していることをご存知ないと思いますが、それは私の気持ちの問題ですね。私はこう考えますが、いかがでしょう」

考え方の視点を変えるだけでこうも楽になれるものかと、いまさらながら先生の偉大さに感激しました。

それからはちょっとしたトラブルでも、素直な気持ちで謝ることができるようになりました。

また、病院の待ち時間に騒ぐ拓矢を他人様に注意され、「ほら！　怒られちゃったじゃない。静かに座っていなさい！」と戒めたことに対して、「そんなときは、お母さんから相手の方に『済みません』と静かにおっしゃれば、子どもの年齢から見て、静かにできないことで何かを察してくださいますよ」

スーパーなどで床に寝そべる拓矢を自分の恥ずかしさから怒りつけてしまうことに対して「危ないことと人に迷惑をかけること以外の『自分が恥ずかしいから』というのは、あなたは親なのだから我慢なさい。拓矢君は、お会いするたびに良い子になっていますよ。待っていれば、きっとよくなります。待つんですよ。お母さん。待つことはとても楽しいことです」

私：「先生。どれくらい待てばよいのですか？」

先生：「二〇年でも三〇年でも待つんですよ。すばらしいことじゃないですか！」

私：「そんなに待つんですか……」

その当時、私は待つことの楽しさがよく分りませんでしたが、拓矢の成長とともにほんの少しだけその意味が分ってきた気がします。

いろいろな配慮やご指導の中、スムーズに毎日が送れて安心していると、手がつけられないほど荒れて途方にくれることもありましたが、井上先生に「落ち着いた状態から荒れるのは、拓矢君自身が良くなろうと努力している反動です。浜辺に波が寄せたり引いたりしているように一定ではないのです。ゆっくり見守りましょう。お母さん」この言葉を信じて数度の波を乗り越えてきました。
次第に私たちにも少しずつ先のことが見えてきて、拓矢の将来について考えるようになり、普通よ
り将来の選択肢が少ないわが子にとって伸ばしてあげるべき道を見つけ出すことが課題となりました。
酒井先生は、理科を、特に実験を通して楽しく進めてくださる先生で、教科書より実験で多くのこ
とを学ばせてくださり、拓矢も理科が大好きでしたので、このまま伸びてくれることをひそかに期待
していました。
二学期の終業式の日は上機嫌で帰宅しました。得意げに出した成績表は、理科の四種目すべてに
『A』が示されて、祖母にもうれしそうに見せていました。今まで自分から見せることがなかったの
で、成績表に興味がないのだと思っていましたが、通級の先生に「今まで興味がなかったのではなく、
見せられる成績がなかったのでしょうね。これを励みに、他の教科も頑張れると良いですね」といわ
れ、またしても自分のおろかさに深く反省する私でした。
特別なことの多かった一年も終わり、のんびり春を楽しんでいたころ、ショッキングな連絡が入り
ました。約二年間お世話になった通級指導教室の井上先生が、横浜市養護教育総合センターの指導主
事に転任されることになったのです。週に一度受ける指導以外にもことあるごとに相談に行き、元気
をいただいていた私にとって、奈実先生の転任に続き悲しいお別れでした。
四年生の担任は石川先生というベテランの女性の先生で、柔らかな口調でてきぱきといろいろなこ
とをこなしてくださる先生でした。新学期の初日に早速連絡をくださり、現在の拓矢の状態や、すべ
き配慮など細かいことまでお尋ねくださり、連絡帳の件も快く引き受けてくださいました。こちらの

要望に対して、「拓矢君が過ごしやすいように考えてくだされば、できるかぎり協力をいたします」というお言葉通り、いろいろなことを受け入れてくださいました。

たとえば九九が苦手といえば、「計算機を使うなり、表を使うなり、拓矢君が使いやすく、周りを気にせず授業に参加できるように」というように。

この学年はクラス替えもなく、なれた顔ぶれのため、拓矢も落ち着いて過ごすことができたようで、授業参観でもどこにいるのかわからないほど、目立たず授業に参加している姿に感激しました。

この頃、文章を読み取る力が弱く、文字を書くことに人より多くのエネルギーが必要なため、文章を書くのが苦手で、九九の暗記も6の段より上はわかりにくいなどの学習障害もはっきり表れて来ましたが、「学校で目立たないほど落ち着いているならば家で無理に勉強させない方がよく、拓矢の場合は必要なときがくれば自分から勉強するようになると思うので、今、無理をさせると今までの努力が無駄になる」と佐々木先生をはじめ、通級の先生、井上先生、石川先生にまで言われ、家では極力穏やかに過ごすことだけを考えて生活しました。

また、以前のように私が全身で抱きかかえて納めなければいけないようなパニックは起こさなくなっていましたが、地域での年下のお友だちとのトラブルは相変わらず続いていました。そうしたときにも石川先生が細かな相談に快く対応してくださったのと、構内で酒井先生にお会いして「まだまだです……」と私が悲痛な顔で声をかけると、にこやかに返してくださる姿が心の支えでした。

毎日が戦いのような我が家に、佐々木先生からご自分のセミナーに「ADHD児を持つ保護者として、ディスカッションに参加して欲しい」という驚きのお誘いがありました。

各地でご講演されるたび三年生の時に出たＮＨＫのテレビをご覧になった方々が、「あの少年はどうしていますか？」と先生にお尋ねになるそうで、「ぜひ参加して欲しい」ということでした。おちゃらけ夫婦の私たちは、またしても軽く引き受けてしまいました。

セミナーには渡部校長と井上先生も参加され、貴重な体験をさせていただきました。井上先生のお話の中で、私の気づかない拓矢の一面にハッとした話題がありました。拓矢は『アンパンマン』のアニメが大好きです。幼いときには興味を持たなかったのですが、就学したころから好んで見るようになりました。そんな拓矢を井上先生は「彼は、アンパンマンが大好きなんですね。誰にでもやさしいヒーローに、本当は自分もなりたいのでしょうね！」と表現されたのです。ヒーローの番組がいくつもある中、一番平和なヒーローに自分もなりたい。私はそんなふうに考えたことが一度もありませんでした。いつまでも幼くて周りと差が出てしまうことばかり気にしていましたが、さすが井上先生です。私はまだまだ未熟者です。

四年生では理科が専科の先生に替わり、うまく授業に参加できなくなりました。どの教科でも読み取る力の弱い拓矢に、先生方がそっとアドバイスしてくださることで成り立っていた授業が拓矢の状態をご存知ない先生に替わるとそのフォローがないわけで、結局「分からない。分からないから参加できない。参加できないから成績も悪くなる」の悪循環になってしまいました。

改めて先生方が何気なくしてくださっていた配慮の重さを考えさせられる体験でした。

これまで弟の洋輔は、拓矢のパニックや突飛な行動を黙って見てきました。一番荒れ出した頃は、彼は一歳半でしたが、ことあるごとに祖母のひざに入り、おしゃべりができる頃には「ママのおひざはにーに（兄）が座るから、よーちゃんはおばあちゃんのおひざでいいや」と自然に甘えたい気持ちを譲ることをしていました。四歳のある日、珍しく荒れて壁やドアを蹴る拓矢に、「にーに、よーちゃんのお話を聞いてくれる？　壁や……、ドアは……、ぶったり蹴ったり……したら痛いよ……」とゆっくり話し出し、五歳年下の洋輔に言われてさすがの拓矢も我に返ってテレくさそうにしていました。私たち夫婦は、こんなに穏やかな口調で拓矢に語りかけたことがなかったように思い、「四歳児以下の親だね」と夫婦で猛反省、爪の垢を煎じて飲もうかと話し合いました。

拓矢に深い愛情を示す洋輔を、拓矢もまた大切にしています。

ある日、祖母と三人で近くの公園に出かけていきました。そこで高い場所から洋輔にツバを吐きかける二、三歳の男の子がいて、「やめろ！」と叫んでもやめないので、拓矢がガォー！　と脅かしながら追いかけ回し、その子は大泣きしてお母さんにしがみついたそうです。それでも拓矢が止めないので「何ですか？　この子は？　こんなに怖がっているのに……。『まとも』ですか？」と拓矢を前に祖母に聞いたそうです。拓矢が「僕はＡＤＨＤだよ！」と答えると、「何ですか？　精神的なものですか？　肉体的なものですか？」と言い放つと、プリプリとおこってどこかへ行ってしまわれたそうです。祖母が子どもたちにそのときの様子をきいてみると、洋輔をかばうという、ちゃんとした理由があったのです。小さな子をみるとからかうつもりで「ガォー！」と驚かせ、泣かせてしまうことがありますが、からかっているときと洋輔を守っているときでは、表情が違う気がします。親の私でさえも小さな子がかかわっていると、つい理由も聞かず拓矢を怒ってしまいますが、それにしてもマスコミでいろいろ取り上げられても、ＡＤＨＤはまだまだひとに理解されるところまでいっていないと実感しました。

落ち着いた学校生活を送った四年生は終わり、二度目のクラス替えの五年生。少し不安を感じながら新学期を迎えました。

今度の先生は初めて担任を受け持たれた矢吹先生という若い男の先生で、酒井先生がサブについてくださいました。新学期早々に夫婦で面談を申し入れると、早速時間をとってくださり、今回もまたこちらからのいろいろな要望を快諾していただき、連絡帳もお引き受けいただきました。

矢吹先生は、学生の頃拓矢の出た番組をご覧になっていて、「まさか自分が担任になるとは思わなかった」と話しておられましたが、拓矢はテレビのイメージとはとても違って、同じ子どもと思えないほど今は落ち着いていると言っていただき、うれしかったです。

けれど授業中の態度は、やはり初めてのお友だちによる刺激に崩れたり、雰囲気の違いに呑まれて、落ち着けず席を立つことも多かったようでした。

帰宅後の遊びの中で、拓矢のことを知らないお友だちから「シカト（無視）しようぜ！」とか「お前は入れてやらない！」などと言われると、普通なら冗談として受け止めるそんな言葉にも刺激を受け、泣いて帰宅することも増えて来ました。佐々木先生から「そういう言葉や態度にこの子たちはとても弱いので、相手の子どもに『拓矢君をよろしくね』とお母さんから話されるのが一番良いですよ。子どもたちは、頼りにされていると思い、守ってくれるのです」とアドバイスいただいたのですが、改めて言うのは、恥ずかしくていえませんでした。

また、『鬼ごっこ』や『かくれんぼ』のように相手の行動が予測できない遊びも苦手だと教えていただいたので、この遊びが出たときは、私も一緒に参加したり、拓矢が苦手であることを皆に告げました。すると子どもたちの中から「じゃあ、誰かが拓矢と組んで逃げるのも鬼も一緒にやろう！　そうすればできるでしょ？」という声があがり、拓矢もうれしそうに参加していました。

苦手と言えば、『初めての場所』もそのひとつで、お友だちの家も誘われて行けるのは四軒くらいで、他の家だと断ってしまいます（やはり予測がつかないからだと思います）。

近頃は、プールや映画にも子ども同士で出かけるケースが多い中、拓矢は参加したがらないので、お誘いの声もかからなくなってきています。

その代わり主人が拓矢のお友達と一緒に遊んだり、家族で出かけるときにお友達を誘うようにしています。

ただ、公園で待ち合わせをして自転車で移動する場合などは、次の移動先を聞き漏らすケースがあり、そういうときは帰ってきてしまうので、いまだに拓矢が出かけると帰宅するまでドキドキです。それでも友達と遊ぶのが大好きで、うれしそうに出かけていくので、機嫌よく帰宅した日は私もやさしい気持ちで過ごすことができます。

また、弟思いの拓矢は後を追う洋輔がかわいそうで、公園で遊ぶときは時々つれて行ってくれます。「洋輔をつれていると皆と遊べないんじゃない？　無理につれていかなくても良いのよ？」と聞くと「大丈夫だよ！」と答えてくれますが、洋輔が「にーに、仲間はずれになってた」といいます。洋輔のできない遊びの時は、仲間に入らず二人で遊んでいるらしいのです。同学年の遊び方に疲れるときもあるようなのですが、こんなやさしいところが私は大好きです。

勉強面では矢吹先生と相談して、いろいろな方法を取り入れることにしました。国語は教科書を読むとき、知らない漢字があると緊張して知っている字まで詰まってしまうので、すべての漢字にふりがなを振ることにしました（結構大変！）。これによって授業に参加できるようになりました。漢字のテストは、黒板に書かれる問題を写すだけでも点数がもらえるようにしてくださいました（頑張って写しているようです）。電子辞書を使うことも了解していただき、書くことが苦手なのでワープロやパソコンの取り入れも考えていただいています。算数は、電卓を使ったり、参加できないときは前の学年の問題集等に取り組み、先生が採点してくださったりしています。社会や理科は、視覚や聴覚から入る情報は吸収できるので特に何もしませんが、資料を作ったりする作業は、完全に書けていなくても理解できていることが確認できれば認めてくださっているようです。これらのいろいろな配慮をしていただいている中、私たち親から見てその成長ぶりがハッキリうかがえるのは、運動会のダンスです。連絡帳の中にもあるように、二年生のダンスは校庭で寝そべり、先生が保護者の方々にフォローのお手紙を出さなければいけないほどでした。三年生の時は私が前年度をあまりにも気にしていたので、本番に酒井先生が隣で踊ってくださいました。四年生ではお友だちの踊りを見ながら、ワンテンポ遅れながらも楽しそうに踊っていました。そして五年生。ソーラン節をアレンジした曲の振り付けをしっかり覚え、人に遅れることもなく真剣に踊っている姿に、私は涙が止まりませんでした。主人も感動していました。洋輔は「にーに、上手だったね！　上手だったね！」と繰り返し、小さな手を一生懸命たたいていました。周りに泣いている人など一人もいません。でも、五年生のダンスにこれほど感動させてくれる拓矢がいとおしくてなりませんでした。

五年生の二学期頃から、拓矢自身のＡＤＨＤに対する意識が変わってきました。バクハツすることなく過ごせる毎日に自信を持ち始めていたようなのです。ところがちょっとしたお友だちの刺激に一週間に二度爆発したらしく、厳しい表情で帰宅し「僕はもう、ＡＤＨＤが治ったと思っていたのに、アイツのせいで爆発しちゃった！」と悔しそうに大泣きしていました。見ている私たちもつらかったのですが、その後パニックになるときがあっても話題を変え、気分を変えることでとても早く気分が治まるようになりました。

拓矢が穏やかに過ごせる日が多くなった頃、洋輔が些細なことにグズリ手を焼かせるようになりました。「今まで我慢していた反動だろう」と、泣いてもしっかり抱いて治めるようにしています（怒ってしまって、私が反省することもありますが…）。そんな時、拓矢もいろいろな面で譲ることができるようになりました。洋輔が調子に乗り過ぎると拓矢が爆発して、あわてた洋輔が良い子になるパターンもありますが、「洋輔が自我を出せる環境」になり始めていることは確かです。洋輔は泣き始めると三〇分は泣いているのですが、「泣ける環境。泣ける環境」と自分に言い聞かせて平和を噛みしめています。

穏やかに迎えた三学期。他校の五年生との球技大会があり、「見に来てね！」の拓矢の誘いに出かけて行きました。

サッカーに参加したのですが、コートに入りボールを蹴る拓矢を見て、とても驚きました。以前は見に行ってもゲームには参加せず、校庭の隅で遊んでいたり洋輔を抱いたまま離さなかったりしていたので、本当にびっくりでした。ものすごく嬉しい驚きでした。

ところがゲームも終わり、一緒に帰ろうと校門のそばで待っていると、ヘラヘラ笑いながら走ってくる拓矢の後ろから、厳しい表情の矢吹先生がついてきて、「あとで電話します」と言って戻られたのです。拓矢に「オイ！　なにをやらかしたんだ？」と聞くと、「い〜わない」とヘラヘラ笑い、帰宅してからもう一度「ねぇ！　何をやらかしたのよ！」に、「自殺するっ！　ってヤツかな？」とまだとぼけていました。

その後、矢吹先生からの電話で、お友だちとのちょっとしたトラブルでベランダに乗り出し「死ぬんだ！　僕なんかどうせ死ねばいいんだー！」といって大騒ぎになったと知りました。拓矢の教室は四階にあり、ひとつ間違えば命にかかわることになるので、本人にもよーく注意したが、家庭でも命の大切さを話して欲しいということでした。

ヘラヘラした拓矢の延長線にいたように私は、「四階じゃ、洒落になりませんよね」と口走ってしまい、深く反省して「よーく言って聞かせます！」と電話を切りました。あとで考えると足が震えるほどの事件ですが、『理性を持った上の拓矢の行動である』と信じるしかありません。いろいろ小さなトラブルを乗り越えながらの五年生も終わり、それとともに渡部校長が退職されました。

幸い担任は昨年同様、矢吹先生が受け持ってくださったのが嬉しかったです。三学期の終業式から帰宅した拓矢は「校長先生と握手してきた！」と嬉しそうに話していました。その言葉とともに先生とのお別れが実感として湧いてきました。渡部校長は、拓矢の入学とともに転任されていらっしゃったので、我が家にとっては、私たち家族をずっと見守ってくださった先生で、毎朝のようにげた箱の前で生徒を出迎え、名前を覚えて声をかけてくださる方だったので、拓矢にとっても思い入れの深い先生でした。

離任式の前夜、「お母さん。明日、絶対学校にこなくちゃダメだよ！　校長先生のお別れの日なんだから。……僕、校長先生にお手紙書こうかな？」。書くことがとても苦手な拓矢から出た言葉にとても驚きました。「下書きする」と言うので、疲れて書けなくなることを心配した私が、「いきなり本番に行っちゃえば？」と言っても「大丈夫。時間が掛かるけど待っててくれる？」と真剣に書き始めました。短い文章でしたが、四〇分かけて仕上げました。「頑張ったね」と誉めても、「お世話になったんだから、当たり前だよ」と答え、これにもびっくりでした。翌日、花道をとおる先生に、「自分で渡す！」と手紙をもって並んでいたのですが、待っている間にお友だちから「こんな汚い字じゃ読んでもらえないよ！」と言われ、「捨てる」と破く格好をして、私のところに来ました。「あんなに一生懸命書いたんじゃない。先生、きっと喜んで読んでくれるから捨てないで！」と何度言っても厳しい表情をしたままでしたが、以前なら泣いて本当に捨ててしまったことを思えば、加減することができるようになりました。

手紙のほうは拓矢が池の縁に置いて戻って来たのを、主人が反対側から取りに行き、渡すことができました。花道の最後尾で私は泣きながら手紙のことを話すと、校長先生は「拓ちゃんは、大丈夫ですよ！　良い子になったし、お父さんもお母さんもこんなに一生懸命なんですから」と言ってくださいました。矢吹先生が、トラブルの引き金となったお友だちに、拓矢の手紙への思いと、その努力が一言でくじけてしまったことを説明してくださり、当人も反省してくれたようでした。拓矢が少し落ち着いたところで、酒井先生が手を引き、校長先生にご挨拶をさせてくださったので、気持ちよくお見送りすることができました。

これからの長い人生を、いつも守られて生きていけるわけではないので、拓矢に刺激を与える方々に対して「言わないでくれたら良いのに」とは思いますが、恨む気持ちはありません。彼自身がもう少し強くなってくれないものか？　それればかりが心配です。最近は人から受ける刺激に対してではなく、彼自身が自分の苦手なことに対して気持ちを表に出すようになりました。「僕ってなさけないよねー。電卓がないと、三年生の問題も解けないときがあるんだもん」というように。私は、「皆、すべてのことが得意なわけではないのだから、君みたいな人がいてもいいじゃない。ちっとも情けなくないよ。何か言う人がいたらお母さんが説明してあげる」と拓矢の心を守ることに必死になります。どこまで守っていけるかわかりませんが、環境を整える努力はずっとしていきたいと思っています。

渡部校長に替わって転任されてきた青山校長にも、早速面談を申し入れ、矢吹先生も同席してくださる中、拓矢の今までの経過と現在の状態を説明しました。面談にも快く応じてくださった校長先生は、ご自分も拓矢と仲良くなるようにしていきたいとおっしゃってくださり、いろいろな協力もしてくださるとお約束くださいました。こちらが一生懸命お願いすれば、道は開けるものと再確認しました。

私が拓矢を見ていて感じることは、先生との出会いの重大さです。特に一年生の担任は、子どもたちの人生観にも大きな影響を与えると思います。学校は幼稚園とは違い、甘えが許されるようで許されない社会。そこで初めて出会う社会人が担任の先生であると思っています。そこでどのように理解され、受け入れられるかによって、人の心のやさしさや痛みを感じ取り、身に付けていけるようになると思うのです。拓矢は奈実先生と出会ったことによって障碍がわかっただけでなく、クラスの一員としての立場を確保していただきました。

もし、理解と受け入れられることを経験していなかったら、劣等感の二次障碍が増し、手のつけられないようなパニックを繰り返していたかもしれません。良い面を伸ばし、クラスに認められたことで、次の学年に進級するたび、自分自身を成長させていけたのだと思っています。

最後に、私たち家族を支えてくださった皆様に感謝するとともに、神様に、拓矢の親として私たちを選んでいただいたことを誇りに思い、これからも子どもたちを大切に育てていきたいと思います。

あとがき

この連絡帳の出版を思い立って現代企画室を訪ねたとき、わたしは妊娠八カ月でした。大きなお腹をかかえていましたが、拓矢のような子どもたちのために少しでも力になりたいという気持ちに駆られてのことでした。さらにそんなわたしの気持ちをくんで一年足らずで完成させてくださったスタッフの方々に心から感謝しています。

実際はほとんど毎日書かれたノートですが、分量の関係上、半分近く削りました。いかに密に連絡しあっていたか、お分かりいただけるかと思います。お互い、朝のあわただしい数分とか、休み時間や授業の合い間に書いたものだったため、表現が分かりにくい部分も多くあったと思いますが、あえて飾らずありのままの文章を載せていただきました。

いつも思いつきで行動するわたしですが、この交換日記を出版するにあたって二つの心配事がありました。ひとつは拓矢の実名を出すことによって彼が受けるさまざまな影響です。いろいろ悩み、考えました。以前NHKの取材を受け、それが『もっと僕を知って欲しい』というタイトルのドキュメントとなって放映されたとき、拓矢はそのなかでA君として紹介され、そのことを自分自身が否定されたように思ったのです。また佐々木先生は「悪いことをしているわけではないのだから、隠す必要はありませんよ」とおっしゃってくださいました。そしてなによりわたしたち家族が全力で支えていく覚悟があることで気持ちの整理ができました。もうひとつは奈実先生のお名前です。実名を出した場合、教師を続けていかれる上でお困りになることがおきても、わたしたちは何もして差し上げられないことでした。これも思い悩んださすえ、奈実先生のご主人様にファクスを送り、ご理解とご了解をいただきました。さすが奈実先生が選ばれたかたです！　拓矢と奈実先生をはじめとする先生方は実名ですが、他の方々はすべて仮名にしました。

出版社の方から佐々木先生にも文章を加えていただきたいというお話がありました。正直言って自分がとても無謀なお願いをしようとしている気がしましたが、先生は出版を心から喜んでくださり、お忙しいにもかかわらず快諾してくださいました。先生にも心から感謝します。

先日、温泉めぐりのテレビ番組を見ていた拓矢が「頭の病気に効く」という効能を聞いたとたん、「あの温泉に入ったら、オレのＡＤＨＤも完全に治るかなー！」と、心から叫んだのです。わたしも主人も一瞬言葉につまりました。「そうだね、治るかもしれないね。いつか行ってみようね」としか答えられませんでした。治りたいという彼の気持ちを思うと涙がでます。温泉で完治するかどうかは分かりませんが、多くの方々のご理解と配慮で治すことはできます。

わたしは佐々木先生、奈実先生を始めとする素晴らしい方々との出会いに恵まれました。この方たちとの出会いがなかったら、こんにちの拓矢と、わたしたち家族の成長はなかったでしょう。こんな経験をさせてもらったものとしてなにができるだろうかと考え、この本の出版を決意しました。どうかこうした子どもたちの「治りたい。みんなのようにできるようになりたい」そういう心を認め、受け入れてください。みんなが笑顔でいられるように。

二〇〇一年一二月一〇日

松下佐智子

友だちみんなの中で

ＡＤＨＤ児を育てる・母親と教師の交換日記

発行……二〇〇二年三月一日　初版第一刷　二〇〇〇部

定価……一五〇〇円＋税

著者……松下佐智子＋鈴木奈実

発行人……北川フラム

発行所……現代企画室

住所……101-0064東京都千代田区猿楽町二—二—五　興新ビル三〇二

電話03-3293-9539　ＦＡＸ03-3293-2735

E-mail gendai@jca.apc.org

http://www.shohyo.co.jp/gendai/

振替……〇〇一二〇—一—一一六〇一七

印刷・製本……中央精版印刷株式会社

ISBN4-7738-0200-6　C0011　Y1500E